図書館サポートフォーラムシリーズ

図書館づくり繁盛記

住民の叡智と力に支えられた図書館たち!

大澤正雄 著

日外アソシエーツ

装 丁：クリエイティブ・コンセプト

まえがき

私は図書館で働く中でたくさんの人たちや図書館とかかわってきました。

これは私にとって大きな財産です。この財産をもとにこのたび本をまとめました。

題名を「繁盛記」にしたのは、岡山の田井郁久雄さんが月刊で出している図書館エッセイ『風』一六七号に寺門静軒の『江戸繁昌記』のことが書かれていて、その静軒の『江戸繁昌記』にあやかって「図書館づくり繁盛記」としました。

静軒の『江戸繁昌記』は「爛熟に浮かれる江戸末期の繁昌ぶり」と「幕府ご政道」を諷したものと、田井さんはその『風』一六七号で述べています。

本書は、世の中を諷刺したものではありませんが、一九六〇年代から九〇年代を体験にもとづいてまとめました。そして「図書館づくり」としたのは本書に書いた、東京・練馬区、埼玉・朝霞市、鶴ケ島市での図書館づくりをはじめ、沖縄・石垣市、滋賀・栗東町、埼玉・小川町、福島・南相馬市、石川・白山市などの図書館づくりにかかわったことから学んだことをまとめたものです。

本書は、単なる回顧談ではなく、そのときどきの場面において、例えば「条例・規則」、「議会対策」、図書館開設の心構えや方法など、今でも使える図書館運営にかかわる基本的な内容にも触れました。

私が図書館で働いていた時代は、図書館発展の高揚期でした。これとて、突然に出来てきたのではなく、戦後のつかの間の民主化時代に端を発し幾多の運動と停滞の中から生まれてきました。

それは、国の貧困な文化政策の中から文庫活動を中心とした文化運動が起こり、やがてそれは図書館づくりに発展して行きました。一方、六〇年安全保障条約（安保条約）改定反対の運動が平和を求めて日本国中に広がりました。

これら多くの国民による政治状況は必然的に美濃部革新都政をはじめとする地方都市にも波及し革新自治体を生み出しました。

東京都では民主的な都政によって図書館発展が約束されていくはずでした。

しかし、国や財界を中心とする体制側はこのような日本の民主的な流れを阻止し、さらに、アメリカの圧力と併せて資本側はその資本蓄積を高めるため国に対して民営化を要求して七〇年代後半から八〇年代にかけて日本国有鉄道、電信電話公社、日本専売公社（国鉄、電電、専売）のいわゆる三公社を民営化することによってそれらの労働組合を解体し、それを手始めに、大規模小売店舗立地法（大店法）導入によって、街の商店つぶしが行われていきました。

さらに民営化の波は、この手法を使って国や自治体の公務員叩きを行うことによって世論の不満を公務員に向けて、公務員の削減と賃金の抑制、公的事業の民営化を生み出し、労働者に対しては、労働者派遣法をつかって、新しい雇用形態と称して非正規労働者を増加させワーキング・プアーを現出させました。

それはさらに、市役所業務（公務）の委託化、公の施設の指定管理者制度へとつながって「国民の学習権」を保障すべき図書館まで迫ってきました。

図書館の民営化は図書館を単なる「貸本屋」「イベント屋」化して、そこには住民に責任を持つ公務の姿勢が全く失われています。

しかし、図書館界はそれに対して効果的な政策が打ち出せずいまに至っています。

また、一部の図書館学者や図書館の指導的立場にある人たちが、これら民営化に迎合し、図書館本来の基本である「住民の学習権保障」の具体化である「貸出、資料相談、相互貸借」の考えをおろそかにして、盛んに「〇〇支援」と称した流行にのって、かつて図書館員がおこなってきた「利用者の求める資料は草の根をわけても探し出」し提供するという姿勢に欠けてきています。

さらに、最近の図書館のカウンターには愛想はいいが対話の姿勢がなく、特に民営化の図書館では世間話しさえ出来ない状況だということです。

このように、図書館の運営が凋落する中で、すばらしい図書館の運営や活動をおこなっている図書館もかなりあり、民営化の図書館の中でも制限はありますがそこに働く労働者の熱意と工夫が活かされた図書館も出てきています。

本書は、単に過去を振り返るのではなく、これからの時代に向かって図書館が前進して行くために、また、これら、熱意を持った図書館に働く労働者が本当に自分の専門性を活かせて、安心して働く事が出来る時代をつくるために少しでも役立つ事を心から願うものです。

二〇一五年四月三〇日

大澤　正雄

【目　次】

目　次

第3章　朝霞市の図書館をつくる …… 98

目　次

第1章　練馬区の図書館づくり

1　はじめての図書館

(1)　練馬図書館の概要

一九六二（昭和三七）年九月一日。私は新しく開館した練馬図書館に赴任した。その年の四月一日、国民年金課に配転になって半年後の異動であった。同年八月一日開館した練馬図書館は、東京二三区で唯一図書館のなかった練馬区に初めて開館した図書館だった。区も二三番目に発足したので都心の他区とくらべてすべてが後れていた。それでも、この同じ年の二月に台東図書館が三筋町に開館したので、商業区と農村区は文化が後回しだったのかもしれない。

練馬図書館は一九六〇年突然降って湧いたように図書館建設が決まり、六一年度着工、年内竣工という早さだった。敷地面積は一八五五㎡、建物の延面積は九四〇㎡、一辺の長さが二〇

練馬図書館前景

mの正四角形で地下一階地上二階建てで、練馬区では始めての鉄筋コンクリート建築物だった。地下はボイラー室、一階はカウンターが付いた玄関ホールと事務室、閉架書庫に視聴覚室と16ミリフィルム保管庫。二階は全部閲覧室という、児童室等は全く考慮されない典型的な閉架式図書館だった。図書館の設計を監理した当時の建築営繕課の建築技師に後できいたところ、図書館は閉架が当たり前で子ども室は学校図書館があるから不要とのことだった。

　六二年一月に準備室がおかれ、配置された職員は、準備室長、副準備室長（後に館長、副館長）、ボイラー技師、電気技師、用務員の四人だった。

　八月一日に任命された館長、副館長は古手の係長だった。館長は定年を二年後に控えた温厚な人で、何をするでなく一日机にじっと座っていた。昼は晩酌に障ると言ってもりそばを一枚しか食べず、午後はお茶も飲まないという徹底した酒を唯一の楽しみにしている人だった。副館長は性格的には館長と正反対の人で、まだ五〇代前半で若く当時の区長の政敵だった前区長の一番番頭で、明らかに左遷人事だった。本人は「世が世なら俺が助役になっている」と公言してはばからない人で、区長や助役を目の敵にしていたが、平職員には優しかった。したがって区長はじめ庁内の幹部職員は副館長には一目置くというか、関わるのを避けているようだった。ボイラー技師、電気技師は二〇代の半ばで私よりも一・二歳若くいろいろと仕事ができる器用な人たちだった。

用務員は旧制女学校出の女性で、図書館では一番年長で、きびきびとしていて、私の母と同年くらいの人だった。朝七時頃出勤して館内の掃除を一手に引き受け、開館の九時にはもう朝の仕事を終えて六帖間位の畳の部屋（宿直室としてつくったもの）に一休みして正座し、お花を生けたり、お茶を立てたりしていた。その用務員さんは岡田トキさんと言って、しつけのやかましい人で、私たちはその部屋を「おトキの間」といって特に女性は近づくのを恐れていた。

六二年四月、高卒の新規採用職員が五人配置され、開館準備は本格的に始められた。しかし、開館準備といっても、図書館のことは全くわからない素人集団による手探りの作業だった。選書、整理、装備等は日本図書館協会（以下「日図協」）事業部が行った。

四月から、練馬区は旧来の木造庁舎から新しい鉄筋コンクリート五階建ての庁舎を建築することになり、新しくできた図書館の二階すべてが教育委員会と営繕課が、一階の視聴覚室は教育長室となり、図書館業務は一階部分の事務室、閲覧室、書庫のみだった。

四月の準備が始まって、区の人事係は図書館司書の必要性を感じたのか、それは日図協の助言なのか、区役所の中にたった一人司書資格のある職員を見つけ出した。それが、私だった。

(2) 図書館以前

私が、練馬区に採用されたのは、開館前三年の一九五九（昭和三四）年四月だった。その年は選挙の多い年で、四月に都知事・都議、七月に参議院、九月が区長・区議選という半年で三回も選挙をやる年だった。特に練馬区は四七年の八月に東京二二区のうち板橋区から分区独立したため、区長・区議選挙は九月だった。

最初は、選挙準備のため、三月一日からくるようにということで臨時職員として卒業式を除いて勤務することになり、正式には四月から採用となった。選挙事務を半年間行った。今みたいにコンピュータなんかない時代なので、入場券はアルバイトを大量にやとって宛名書き、投票場に貼る候補者の氏名掲示は筆で字の上手な人に、印刷物はガリ版（謄写版）によるものだった。当時の区役所には、毛筆やガリ切りの上手な人がたくさんいた。私も、入った当初、ガリきり、こより（書類を綴じる紙のひもで、和紙を裂いてよじってひも状にしたもの）つくり、公文書の作り方（文章）を徹底して教えられた。また計算はすべて算盤だった。土木や建築、経理課や出納室等には手回しの計算機があったが、算盤の方が確かだった。

選挙のない時は戸籍・住民登録（今の区民課）の仕事を手伝った。この係には戸籍簿を書く毛筆の達人や区民の戸籍をほとんど覚えていて、出生など新しい入籍や死亡による除籍等があるとその親戚や係累をすべて知っているという生き字引のような人がいた。そういう人は何十年もこの仕事をしていた。

九月の選挙が終わって、一〇月一日付けで、土木課管理係に配属となった。ここでは、工事や物品購入の契約や経理の仕事をおこなった。土木は区の中でも年間予算が大きく、それは、都費と区費に分かれていて、私は都費を担当した。都費の範囲は、都道の維持管理にかかる仕事で、本来、東京都が行うのであるが、その業務を区に執行委任していた。したがって、区内の都道のすべてにかかる費用を扱かった。また、当時は失業対策事業（失対事業）が東京都労働局の仕事としてあり、その業務を区が請け負っていた。これは、毎日、数十人の失対労働者に賃金を払うので、その業務の担当者は大変だった。その経理も私の担当だった。これは、当日出てくる日雇いさん（日雇い労働者）の人数を予想してその総額を銀行から金種別におろし、人数が確定した段階で袋詰めにし、残りを三時までに銀行に戻入するという仕事だった。この実務には都労働局採用で区に配属された職員があたっていた。そのほか、土木課内の人事、福利厚生など庶務の仕事もあった。当時、練馬区の人口は二七万五〇〇〇人で、区役所に働いている職員は正規・臨時を含めて三〇〇人くらいだった。そのうち三分の二は出張所や学校の事務や用務・みどりのおばさん（学童擁護員）の人など出先機関の職員で、庁舎には一〇〇人くらいでそのうちの約三割が土木の職員だった。

当時の練馬区は川越街道と目白通り（練馬まで）など舗装道路は都道で他はほとんどが砂利道だった。したがって、用品以外は砕石や砂利を買うのが主な仕事で、買った砕石や砂利の量を技師と一緒に測りに行くのも仕事だった。

土木課に異動になって一年、仕事も慣れてきて夕方五時で仕事を終えて家に帰っても本を読む位ですることもない。当時は駕籠町（現在の千石一丁目）交差点の小石川高校と理化学研究所（現在は文京グリーンコート）のうらにある公団の独身寮に住んでいた。たまたま東洋大学には都電でひと停留所と近かったこともあって、夜間の司書講習を受講した。分類は森清《もりきよし》、目録は服部金太郎、件名は加藤宗厚、書誌学は長澤規矩也など当時は日本の図書館界を代表する壮々たる先生方で、今考えるともっと身をいれて勉強していればよかったと思う。

土木課に約三年いて、六二年四月、国民年金課へ異動となった。国民年金法が一九六一年四月一日に施行され、一年経って陣容を強化するということから、年金課に新規採用が大量に採用され、その業務のうち保険料徴収業務を務めた。当時、保険料徴収対象者は自営業者や農林水産業従事者で、練馬区では農家が多かったため、自営業者と農家を対象にまわった。

国民年金の仕事にどうにかなれた頃、練馬図書館への異動となった。

(3) 図書館での仕事

図書館に異動になって、唯一の司書ということで、図書館業務の責任はすべて私にかかってきた。係長級は館長と副館長だけで、あとはすべて平というか一般職員だった。一〇月に、正規職員一人、臨時職員二名が増員されて、一四人となった。

開館時の図書の収集整理は日図協の事業部に委託したが、日常的な選定、収集、整理は自前で行われた。資料費は六一年度（開館前年度一月～三月）四七万五〇〇〇円、六二年度約三〇〇万円、で当時としては多い方だった。

九月一日図書館での仕事がはじまった。司書資格を持っていても、以前取ったものだったので、図書館運営はもちろんのこと、資料の選定、分類、整理等は全くわからなかった。家に帰って司書講習時の本やノート等を引っ張りだして勉強をしなおした。

職場は、若い人たちが多く、いつも明るく笑いに包まれていた。私は職場の明るい雰囲気を維持するために、いろいろな決めごとはみんなで話し合って決めるというスタイルをつくった。館長・副館長は全く図書館の仕事については無関心なくらい口出しをせず、すべてを職員、それも司書である私にまかせきりであった。それを、いいことに電気技師、ボイラー技師をふくめて図書館の選書の仕方や分類・整理の方法、運営について話し合いによってマニュアル化し、誰でもわかるようにした。ボイラー技師は冬の暖房時期が来ないので、日常の保守以外は都の検査（年に一回）がない時は手があいていた。また、電気技師も月に一回の関東電気保安協会の点検以外は、施設も新しいので特に仕事はなかった。したがって、私にとっては、彼ら二人を相談相手として、他の若い人たちを動かしていった。

当時、来館者は少なく主に学生の席借りが多かったが、それでも入館者は一日平均一四五人だった。館外貸出は面倒な手続きのため利用が少なく平均一日一〇冊以内、館内利用が平均二八冊ということで、カウンターは一人いれば十分だった。

資料費も六二年度は図書が二五〇万円、逐次刊行物が五万七〇〇〇円、視聴覚購入費四〇万円（主に一六ミリ映画フィルム＝学校向けフィルムライブラリー用）だった。したがって、整理の量も少なく、カードつくり（最初は手書きだったが、その後謄写印刷）、ラベル貼り、蔵書・小口・隠し印等の押印、図書台帳と図書への登録番号記入など分類・整理はみんなでやった。書き上がったカードは分類、書名、著者名と分けてタイプライターでヘディング打ち（カードの上部によみをカナで打ち込む作業）を行い、それぞれ仕分けしてカードケースに繰り込んだ。ラベル貼りや押印は単純な仕事なので、話し合いをしながら手を動かすという、きわめて牧歌的なことだった。

その話し合いは、図書館とはどういうものか、何をすることが一番だいじなことなのかなど図書館についての話や、読んだ本の話や感想、時事問題など話は多岐にわたった。

一〇月に、図書館報『ねりま図書館報』を創刊した。この月、山梨で関東地区整理部門の研究大会があり、私ははじめてそれに出席した。そこで、松本市立図書館長の小笠原忠統さん、神奈川県立川崎図書館の石井敦さん（後の東洋大学図書館学教授）の奥さん（知子さん）、大田区立蒲田図書館の伊藤峻さんなどと知り合いになり、図書館のあり方とか、分類・整理の話し等を聞き大いに勉強になった。そこで小笠原さんや石井さんから図書館問題研究会（以下「図問研」）を紹介された。[1]

2　「中小レポート」との出会い

(1)　新しい図書館運営をめざして

私が、練馬図書館に配属されて半年が経過した六三年三月、日図協から『中小都市における公共図書館の運営』（以下「中小レポート」）が出された。図書館の仕事を手探りで始めていた私にとって、図書館とはなにか、公共図書館の役割と機能について知ることができた。私にとってはまさに天恵の書であった。浪江虔《けん》氏は「図書館内部からわき上がった、図書館革命宣言であるといってもいい。」「この報告書は日本の図書館の〝業病〟に思い切ったメスを入れている。」と評価していた。また、小柳屯《たむろ》氏は「中小レポート」を使っての業務改善報告を発表していた。しかし、歓迎ばかりではなかった。反対の意見も多数あった。それらの主なものは、資料提供を主たる任務とした保存機能よりも貸出し、中小図書館こそ図書館だという考え、資料費の年間二六三万円などは高すぎるなど、消極的な意見が多かった。当時、大多数の中小図書館の資料費は一〇〇万円以下だった。

「中小レポート」は、当時の事務局長の有山崧《たかし》氏が提唱し、清水正三委員長を中心に石井敦、黒田一之、小井沢正雄、鈴木四郎、森崎震二、吉川清の各氏が中央委員となって事務局を前川恒雄氏が務めた。また全国に四九人の地方委員と三人の外国事情調査委員が参加した。みな二〇代から三〇代前半の若者たちだった。有山事務局長はこの序で「中小レポート」をまとめるにあたって次のように書かれている。

近代公共図書館がわが国に移入されて九〇年たち全国に近代的建築の図書館が出来て見た目には華やかである。「しかし心して見るならば、日本の公共図書館は日本の風土に合った働きをかならずしも十分にしているわけではなく、『地域社会の民衆との直結』という点では、大いに反省しなければならない状態である。」と述べている。この「中小レポート」が出る前年の六二年に有山事務局長はデンマークやイギリスを訪問している。その模様を六三年の『図書館雑誌』に連載しているが、その最後の方で、先進的なヨーロッパの図書館活動を見て「立派な一つの建物を作ることか、それとも機能的で便利な library system を作ることか、いずれが日本の現状に適しているか」と自ら問い、「彼の直輸入的模倣は、日本の公共図書館の歴史が示すように、日本の図書館運動の最大の桎梏だからである。」と欧米の模倣からの脱却を述べている。さらに「直接民衆に触れるべき中小図書館―中小都市の図書館の在り方について、一つの拠り所を打ち出そうとする意図のもとに」この報告書は作られた、と述べている。

六三年三月、副館長は胃がんで亡くなり、四月からは副館長の職はなくなった。

六二年度の利用状況は登録者六〇二名、貸出し三三一九冊であった。六三年度予算は図書館費六一九万六〇〇〇円（人件費は除く）、内資料費四一八万三〇〇〇円、別にレコード費が一三万円ついていた。

夏休みには学生が朝早くから長蛇の列で三八席の閲覧室はすぐ埋まった。それで、玄関ロビーに折り畳み机と椅子をだして、学習席を増やした。貸出登録は区内在住の世帯主の保証人が必要で、それに住所を確認するために米穀通帳（米の配給を受けるための書類）を持参させた。

当時の筆者

その後、自分の住所、氏名を宛先に書いた葉書を持ってこさせ、その裏に登録カードの書式を印刷して投函し、その届いた葉書に必要事項を書かせて図書館に持ってこさせていた。したがって、本を借りることはすぐ出来ず、その手続きが煩雑なため貸出しは少なかった。一度に利用できる冊数は館内閲覧が二冊、貸出しは一冊一週間だった。当時はそれが当たり前だった。

区役所の新庁舎が六三年度末に竣工して、図書館に入っていた教育委員会事務局と建築営繕課の移転がはじまった。

(2) 新しいサービスの開始

六四年四月、教育委員会事務局などが出ていった図書館の二階部分はがらんと空いていた。二年間の事務所使用で床や壁が汚れたり傷がついたりしていた。

四月に採用され研修を終えて六月から現場に復帰した福島宏子さんを交えて、その二階を改装する計画を職員みんなで検討した。福島さんは六四年三月お茶の水女子大学教育学部を卒業して練馬区に配属され、図書館勤務を希望してきた。

二階は全面開架にする。そして建物の真ん中に一階の書庫と連動したリフトを設置して、その周りをカウンターで囲って資料相談の場所を設けよう。二階の東側にはテーブルを置いて休憩室とし食事が出来るようにして、一一時頃にはパン屋さんがパンを売りにくるようにしたらどうか。など、みんなでいろいろと考えた夢を出し合った。

①条例・規則　図書館が新しく改装して再出発するにあたり、条例・規則の見直しが検討された。

条例は、「自治体が市民に対して、図書館サービスを行うという約束であり、設置条例の内容によって図書館サービスの形態と水準と質を公的に定め、住民が自ら学ぶ権利を認める基本法令なのである。」[2]したがって、図書館法の理念に基づいた目的や、図書館は施設ではなく機関（組織）であることを明確にし、図書館が利用者のプライバシーを保護することなどについても明らかにし、館長をはじめとする職員の専門的資格を掲げるなど、その図書館運営の方向を明確に示すことが大切である。

条例は議会で定めるが、規則（運営の内容をさらに細かく規定した、規則、訓令、要綱などがある）は教育委員会が定めることになっている。そのことについて、山口源治郎・広井ひより両氏は図書館法第一〇条に「公立図書館の設置に関する事項は、当該図書館を設置する地方公共団体の条例で定められなければならない。」とあり、「『設置』のみが条例事項であり『管理』はそこから除かれている。これは公共図書館が、教育委員会の所管に属する『教育機関』にあることに由来している」と説明し、教育行政の独自性と自律性確保について教育基本法第一〇条と地方自治法第一八〇条の五および一八〇条の八をひいて、一般行政（首長）から独立した執行権を有する行政委員会としての「教育委員会」の権限であると述べている。

教育委員会の職務権限については、地方教育行政の組織及び運営に関する法律（地教行法）第二三条で具体的な内容を列挙しており、三〇条で規定している「教育機関」（地教行法）は教育委員会行政からの独立性をあらわし、三三条では「教育機関の管理運営の基本事項について、必要な教育委員会規則を定めるものとする」と規定している。

したがって、山口・広井両氏は「図書館などの教育機関の設置は条例によるが、その管理に関しては教育の独自性と自律性に鑑み教育委員会の制定する規則によることとなっている」[3]とし、さらに「『教育機関』は一般行政と教育行政に対し二重の意味でその自律性を保障されている」[4]と述べている。

②入館票と貸出方式の変更　入館票は記名式をやめにして、ロッカーの鍵がついたプラスチックの番号札をつくりその番号はロッカーと座席を同じにあらわすものとした。貸出方式はちょうど前川恒雄（当時日図協事務局職員）さんがイギリスから持ち帰ったブラウン式で貸出しを実施することになった。それと合わせて、登録要件も簡素化し学生は学生証、一般成人は米穀通帳か身分証明書による住所確認を行うようにした。四月から貸出冊数一回一冊を二冊にした。[5]

館内で一番問題になったのは開架式で本がなくなるのではないかなどの心配であった。その結果、登録時の保証人や印鑑捺印は残った。

これらの検討をしている時、七月に館長が替わった。今度の館長は初代の館長と違って読書家で、青年時代に大正デモクラシーを体験した世代だった。この館長を迎えて、夢を語っていた計画は現実となり図書館改造計画は大きく進展した。開架式を心配した人たちには、大田区の洗足池図書館の開架利用の状況を見学して納得した。（大田区の洗足池図書館は一九六〇年一階部分が一部開架で開館し、六三年に二階ができて全面開架となっていた。）図書館は八月から九月一杯閉館して改装に入った。開架式の書架は秋岡式のオープンシェルフを使った。（秋岡悟郎さんが考案したスチール製の書架でシンプルで使い勝手がよかった。）これは背中合わせにすると独立し、片面にすると壁に取り付けられるもので、棚板を支える部品を換えると雑誌でも書籍でも使えて便利であった。値段が安いのも魅力だった。これは、現在（二〇一五年四月）も、東京の中央区立京橋図書館で使用している。

従来の蔵書に新たに購入した二六〇〇冊を加えて、新しい貸出方式に対応するために、ブックポケットやブックカード、貸出期限票（デイト・スリップ）貼付などの装備に追われた。二階の開架部分には約一万五〇〇〇冊が用意され全面開架を待つばかりになった。一〇月全面開館を知らせるポスターと利用者用の利用案内を作って、区内全域に張り出し配った。

(3)　好評な開架図書館の滑り出し

一九六四年一〇月一日全面開架の図書館が開館した。無記名式入館票、貸出しのブラウン式によって練馬図書館の印象はうってかわったものになった。六二年八月の開館当初は「足りないづくしの練馬図書館」（毎日新聞城北版）と伝えた新聞も「練馬図書館大うけ」（読売新聞城北版）、「好評なオープン、システム」（朝日新聞東京北部版）と好意的に全面開館を報じた。

好評なオープン・システム
練馬図書館
東京版
主婦の利用ふえる
心配された紛失もない
城北版
練馬図書館大うけ
主婦など日に200人
心配された紛失もない

全館開館後のようすを伝える新聞

一部開館時と比較してみると、六四年一一月現在の登録者は約一九〇〇人と前年同期よりも四〇%増加した。一日平均の貸出冊数も六三年度の三一冊に対して六四年度一〇月には一一四冊と飛躍的に伸びていった。これに対して座席の利用者は一日平均一六三人から二一六人と約二・六倍に増えた。

この館外貸出増大の傾向はその後の練馬図書館の事業発展の方向を決定するものであった。それは「自由に本が選べる」「貸出しの手続きが簡単だ」「明るい雰囲気の図書館だ」と利用者から好評を得たことでも裏付けられた。全面開架直後に約四〇〇〇冊の整理を行って、約二万冊に達した蔵書はその後も順調に増加しつづけた。

これら館外貸出を目的とする新しい利用者に対応するために図書館も次第に変化していった。六五年の四月にはそれまで食事ができる休憩室のあった二階の東側部分に新たに書架を置き、約五〇〇〇冊の小説、家事の本が配置された。ただしこの頃（六四年～六七年）には図書購入費がほとんど増えておらず、ことに六七年度などは前年度より減少している。乏しい資料費にもかかわらず、貸出実績を伸ばしていったのは、館長以下全職員の熱意によるところが大きい。当時の若い職員らの手によって作られた練馬図書館の八ミリ記録映画『茶の間へ本を』には新しい図書館が地域社会の中に、急ぎ根づこうとしている姿勢が映し出されている。

この頃、職員の間で日刊職場新聞『あけぼの』が発行された。これは大阪府立図書館で出されていた職場新聞『日刊ペチカ』を倣ったものだった。十数人の職員が毎日交替でガリ切り（謄写版）でＢ５横面縦書きの新聞を作り、全員に配った。これは、前日の図書館内の出来事や利用者とカウンターでの対応、図書館界のニュース、何でも書いて配った。記事がないときは新刊のカード目録をそのまま書いたりした。俳句や短歌も載った。

(4) 予約制度の始まり

六六年ごろの練馬図書館では本の整理を日図協に委託していたため、新刊書が棚に並ぶまでに約一か月もかかり、納本も不定期であった。この遅れを短縮するために毎週三〇〜四〇冊ほどの新刊書を町内の書店から購入し、自館で整理するようになったのは、六六年の一二月からであった。これがその後の書店組合との連携につながっていった。

新刊書は瞬く間に借り出される。すると利用者から、ある本について「この本はいつ返却されるのでしょうか」と問われるようになってきた。当時、開架図書は二階にあり貸出しと相談は二階で行なっていた。また、返却は利用者の便を考えて一階で受けていた。そのため、この問い合わせの利用者は階段を登り降りすることになる。「ある本が貸出されているとき、次に借りたい利用者にその本が渡せるような方法をとらないと利用者に無駄足を運ばせることになる」と職員たちは考えた。先に日野市立図書館のリクエスト・サービスや大田区立図書館の予約制度の成果を聞いていたが、それらを参考にしながらブラウン方式貸出に最適な方法が検討されていった。

現在でもほぼそのまま継承されている予約制度は利用者の声に応えて案出されたものであっ

た。内容は①貸出中の本を次の希望者に確実に提供する。②未購入や予約が集中した場合は（複本を）購入して提供するということである。実施は六七年五月からであった。始めてみると職員の本を見る目がしだいに変わってきた。利用者がどんな本を求めて図書館にやってくるのかが分かるようになってきたということもあった。また毎日数百冊も貸出される本も利用者ひとりひとりが読みたい本を手にしたことの積み重ねであるという、忘れがちなことも再認識させられた。

やがて予約制度は、七〇年一〇月からの都立図書館の協力車の運行開始や区内に新しい図書館が開館することによって、購入できない場合は他の図書館からの借用が可能になり、頼まれた本のほとんどを提供できるまでに充実していくのだがまだ先のことだった。

(5) 団体貸出と地域文庫運動

一九六七年四月には団体貸出が始められた。五人グループで登録すると一度に四〇冊、一か月間貸出しを受けられる制度である。これに先立って練馬図書館主催で利用者説明懇談会が開かれた。この利用者説明懇談会に参加した地域文庫や読書サークルの人々は、この制度の実施を大変喜んだ。このときのことを江古田ひまわり文庫の阿部雪枝さんは『練馬図書館二〇年の歩み』のなかで、次のように述べている。

「私が、感激したのが、四二年〔一九六七年〕三月の利用者懇談会の時である。会の目的はその年始める団体貸出の説明と図書館への意見を、ということだった。従来の図書館員の暗い、つっけんどんな態度とは違った明るさ、親切さに初めて接して、私は一挙に信頼感を抱いた。昨秋来、温めている文庫づくりの思いが俄かにふくらんだ。『図書館から新しい本を借りることで文庫はやっていける！』そこで、七月に『ひまわり文庫』創設にふみ切ることができた。開設にあたって、職員のOさんが指導に出向いてくれたことも特筆に値する。」

地域文庫とは、六〇年代後半に入って活発になった子ども文庫活動のことで、その頃テレビや少年向け週刊誌などのマスコミから送り出される多量の情報が子どもの文化を侵触し始めたことに危機感を感じた母親たちが旗手であった。

一方、国や自治体の貧弱な文化政策や児童図書館の貧困な実態を前にして、本も奉仕も自弁のボランティア運動であったがゆえに全国的に広まった。練馬でもこの団体貸出制度に呼応して地域文庫が開かれていったが、制度はできても提供すべき児童書が当時の練馬図書館には乏しかった。

「江古田ひまわり文庫」は六八年六月に本に費やす一〇万円の助成を行なうよう請願を出した。このときは練馬図書館の児童サービス態勢は未だ不十分で地域文庫を満足させるものにはならなかったが、今日の各地域文庫助成の端緒を切り開くものとなった。

(6) 広域サービスをめざして

団体貸出制度は六七年五月から始められた移動図書館にも準用された。本来人口のまばらな地域で活躍する移動図書館が誕生したのは、練馬区全域の図書館サービスを当面練馬図書館のみでまかなわざるをえなかったためである。当初は専用車もなく木箱に本を詰めて、区の車両を借りて巡回場所に運ぶという簡素な方法が用いられた。利用者が来るだろうかと心細いスタートであった。

しかし江古田・小竹、石神井、大泉、関の各地区、四か所の第一回の巡回を終えると、登録四六団体、貸出し六一〇冊に達していた。翌月には一〇四九冊になり、六八年三月までの初年度の合計貸出冊数は約一万四〇〇〇冊になっている。居住地域に新しい本を積んで訪れる車には簡便さのみならず、親しみ易いという魅力もあるようだった。またごく初期から不完全ながら予約制度が実施されていたことも見逃せない。少ない積載冊数の不便を解消するために、必要な制度だからだ。六八年七月には専用車〈みどり号〉が就役し、機動性、積載能力を向上させた。

巡回場所は区内各地域からの求めに応じて一二か所に増やされた。一方、不便だった移動図書館の団体貸出制度は廃止されて、個人で四冊まで貸出しが受けられるようになった。現在まで続いている態勢を整えた移動図書館は、以後新館開設に伴う巡回場所の移管、廃止そして新設を経ながらも、二〇〇五年七月の廃止まで、図書館サービス空白地域に補完の役割を果してきた。

だが、当時すでに見られた高層住宅地域での貸出量の著しい増大は、やはり図書館設置の必要性を示していた。一方、当初から続いている月一回の巡回間隔は長すぎるとの声もあり、将来の検討課題となった。

その後、七二年には石神井図書館の〈こぶし号〉が就役し、利用が極度に多かった大泉地域は石神井図書館の〈こぶし号〉に替わって、八〇年二月開館の大泉図書館の〈いずみ号〉が運行した。また、同八〇年に練馬図書館の移動図書館車は一三年間用いられた初代に替って二代目〈みどり号〉を投入して積載冊数を増やした。これらの、結果、移動図書館車の運行回数は三館の図書館の運行によって二週間間隔で行われるようになっていった。

(7)　東京の図書館員との出会い

業務が軌道に乗り、貸出し数も増加し利用が増えていった中で、東京都公立図書館長協議会（以下「東公図」）主催の郷土資料研究会が行われた。講師は川越市立図書館の館長の岡村一郎氏、神奈川県立図書館の沓掛伊佐吉氏であった。お二人の話を聞いて今まで郷土資料にはあまり興味がなかったのが、地域資料の重要性に目を開かされた。

その後、品川図書館の伊藤旦正《あきまさ》、墨田区立緑図書館の小島惟孝《ただたか》、台東図書館の山本恒雄の各氏に誘われて、東京の郷土史についての勉強会に参加することになった。

東京下町の本所・向島・下谷・浅草、漁村だった品川・羽田などには江戸時代からの文献も多く、郷土資料研究が地域としても盛んだった。私も母の里が浅草なので下町には興味があり、山本さんから浅草の資料を見せてもらうなど郷土資料に興味をもつようになった。

練馬区にも、小中学校の歴史の先生を中心とした練馬郷土史研究会があるのを知り、図書館としても積極的に地域資料の収集を行うためにこの研究会に援助をお願いした。練馬、板橋など北豊島郡関係の資料を集めるために、練馬郷土史研究会のメンバーや東公図の郷土資料研究会の伊藤、小島の各氏に古書店等を紹介してもらって区内で集められない刊行本などを収集した。

この東公図の郷土資料研究会（当時はまだ正式な研究会ではなかった。）の伊藤さんたちが図書館全般についての勉強会を毎月やっていることを聞き、会場の京橋図書館へ行くようになった。京橋図書館の館長は清水正三さんで「中小レポート」の委員長でもあり、当時、館長が平職員と対等に話をするなんて考えてもみなかっただけにこの勉強会に通うようになった。

ここでは、伊藤旦正さんの他、私より一寸年上の江東区立城東図書館の宮崎俊作さん、同年の品川の野瀬里久子さん、大田の伊藤峻さんなどがいた。それは、東京都公立図書館員懇話会（以下「東図懇」）といって区立図書館職員の横断的交流組織で、清水正三さん、小河内芳子さんなどが先生で、毎月の勉強会を京橋図書館や品川図書館で行なっていた。また会報『月刊東図懇』を発行して都区の図書館員への宣伝に努めた。それから親睦をかねて、ハイキングやソフトボール大会、京橋図書館でのクリスマス会といった行事を重ねた。

自分の図書館の中にいるだけでは他の図書館員との交流がなかなか持てないし、図書館界の情報もはいってこないので、後発の練馬図書館にいた私はせっせとその勉強会を利用し知識を吸収した。

東図懇のお世話をしていた京橋図書館の清水館長は浅草出身でべらんめえ調の江戸弁で、話を聞いてみると私の叔母（母の妹）より四歳若く（大正七＝一九一八年生）小学校も同じの浅草・田中小学校（今は田中町はなく日本堤）卒ということだった。そして、母の祖父が当時やっていた剣道場（叔母は私の曾祖父と一緒に住んでいた）に通っていたとのことだった。もちろん、私が生まれるはるか前の話である。世間なんて狭いものだと思った。

東図懇については『図書館評論』五二号で詳細に説明しているので参考にしていただきたい。

3　行政とのはざまで

(1)　練馬図書館の高揚期とその限界

練馬図書館の一九六四（昭和三九）年から六七（昭和四二）年頃までは、高揚期だったといえる。日刊職場新聞『あけぼの』の発行（後週刊となる）や毎月一四日の図書整理日午後のミーティングは定例化となった。

この会議での話し合いを軸に図書館全般が動いていった。民主的で牧歌的な時代だった。そこでは、図書館に関するどんなことでも話題にし、また、勉強の場でもあった。そこから、いろいろな工夫をし楽しく働いていた。デイト・スリップ（貸出期限票）の改善、カウンターの配置換え、登録手続の簡略化、予約制度を考え出したこと等々、すべてこの話しあいからだった。（福島宏子『ひびや八八号』東京都立日比谷図書館報 参照）

団体貸出は、二人ずつ組になって他区の館の状況を聞きに行ったり、区内で文庫をしている人達に集ってもらって要望をきいたりしてはじめた。また、移動図書館は、木製の箱一〇個程度に本を入れ、車両係から車を配送してもらってそれに乗せ、現地で店開きという野菜の露天売りの方法を自分たちではじめていったのである。

また、『市立図書館―その機能―』（日本図書館協会発行のパンフレット）を、職員数分購入し、その学習会と親睦を兼ねて、箱根へ一泊の職場旅行をおこなった。しかし、それらは、実は、

貸出冊数の伸び

年度	登録者数（人）	一日平均貸出冊数（冊）
63	448	37
64*	2,545	106
65	4,181	182
66	5,415	235
67	5,808	295
68	6,400	319
69	7,481	356

＊全面開館 10月

図書館が行政の片隅に放置されているのを幸いに、職員のささやかな善意を仕事に反映させていたのであり、外からの力があればすぐこわれる不安定な状態にあったのである。

第一の衝撃は、まず一九六七（昭和四二）年館長人事にあらわれた。練馬図書館の館長は、係長級で組織としては社会教育課に属していた。六七年四月、係長職あと一年しかないという人が公民館長から図書館長として異動してきた。前任館長は、福祉会館準備係として、その意に反して異動していった。この時、職員は前館長に残ってほしい気持をもっており、また、一年しかいないとわかっている人を館長として配属するという、でたらめな人事に非常に反発を感じていた。

新館長は管理畑の人で、長らく人事係長や総務係長を歴任して最後が公民館長だったが、あと一年を残しての図書館への異動はその裏に何かがあるのではと後になってわかった。また時を同じく、運転手として元警視庁第四機動隊の隊員だったＳ氏が配属されてきた。前の運転手は教育委員会事務局に異動していった。

警視庁第四機動隊は当時「鬼の四機」といわれ、六〇年安保闘争のときにデモ隊の規制に勇猛を馳せ恐れられていた部隊だった。

新館長のもとでも、仕事はそれまでの計画・流れの中ですすめられ、六七年五月には、移動図書館を開始、と発展していった。

(2) 練馬のテレビ事件（一九六七年）

六七年六月には、東映テレビ映画が「特別機動捜査隊」撮影のため図書館にきた。偶然その内容（貸出記録から犯人を割り出す）を知り、職場での話しあいをすすめながら、図問研・日図協の協力を得て問題にした、いわゆる「練馬テレビ事件」[67]が起きた。

「練馬のテレビ事件」は、当時忘れかけていた「図書館の自由」を思い出させ、その問題が図書館の日常の仕事の中にある、ということに気づかせた事件だった。

一九六七年六月一三日、練馬図書館前で、民放番組「特別機動捜査隊」の、図書館前の学生の列と入館風景の撮映が行われた。この番組は毎週水曜日に放映される人気刑事ドラマであった。前日下見に来たプロデューサーから内容を聞いた職員は、「図書館で借りた本の間に手紙がはいっていて、その借り手を調べる」という内容だったので心配になり、翌一四日の職場会議に提起した。

毎月一四日は図書整理日といって図書館は休館し図書の排列整頓や館内の保守が行われ、午後は職員会議がもたれていた。その席上で討議した結果、事実を確かめ、その上で対策を考えることになり、早速、館長が東映テレビ（制作は大泉東映がやっていた）に電話し脚本をみせてもらうことにした。

この番組はＮＥＴ（日本教育テレビ＝現在の朝日放送テレビ）の「特別機動捜査隊三〇三回

〝夜の季節〟」で、内容は「殺人事件で、被害者が図書館で書いた手紙を本に挟んだまま返したもので、その本が手がかりとなって特捜隊が図書館に出向く。図書館の前は炎天下に並ぶ受験生の列。特捜隊は、係員から、手紙がはさまっていたというスタイルブックと事件当時の図書貸出し名簿を借り出して、捜査を始める。その貸出名簿によって、事件の当日被害者が二時から三時半まで図書館にいたこと、そして、やはりその中の記録が手がかりになって犯人が分かる。」というものだった。

翌日届いた脚本を読んで、職員たちは、「図書館を利用したことのない人は、図書館は簡単に警察に内報するものだと思うだろう。また利用している人は、自分がどんな本を読んだかいつまでも記録が残っているかと思うと、自由に利用できないし、警戒するだろう。……私たちの図書館では、ブラウン式貸出し方式で記録は全く残らないので、この脚本のような方法は行えない。しかし、まだまだ多くの図書館で行われている入館や貸出しの方法では可能なのである。だから、これは全図書館の問題である」と考え、館長から日図協へ申し入れてもらうことにした。同時に、会員から相談を受けた図問研では、民放労連などの協力も得ながら、日図協と提携して動いた。

一六日には、練馬図書館長、日図協と図問研の代表者が放送局を訪れ、編成局との話し合いの結果、シナリオを刑事に断わるシーンに書きかえてもらうことができた。

日図協や図書館の努力で次のように中身が変更された。

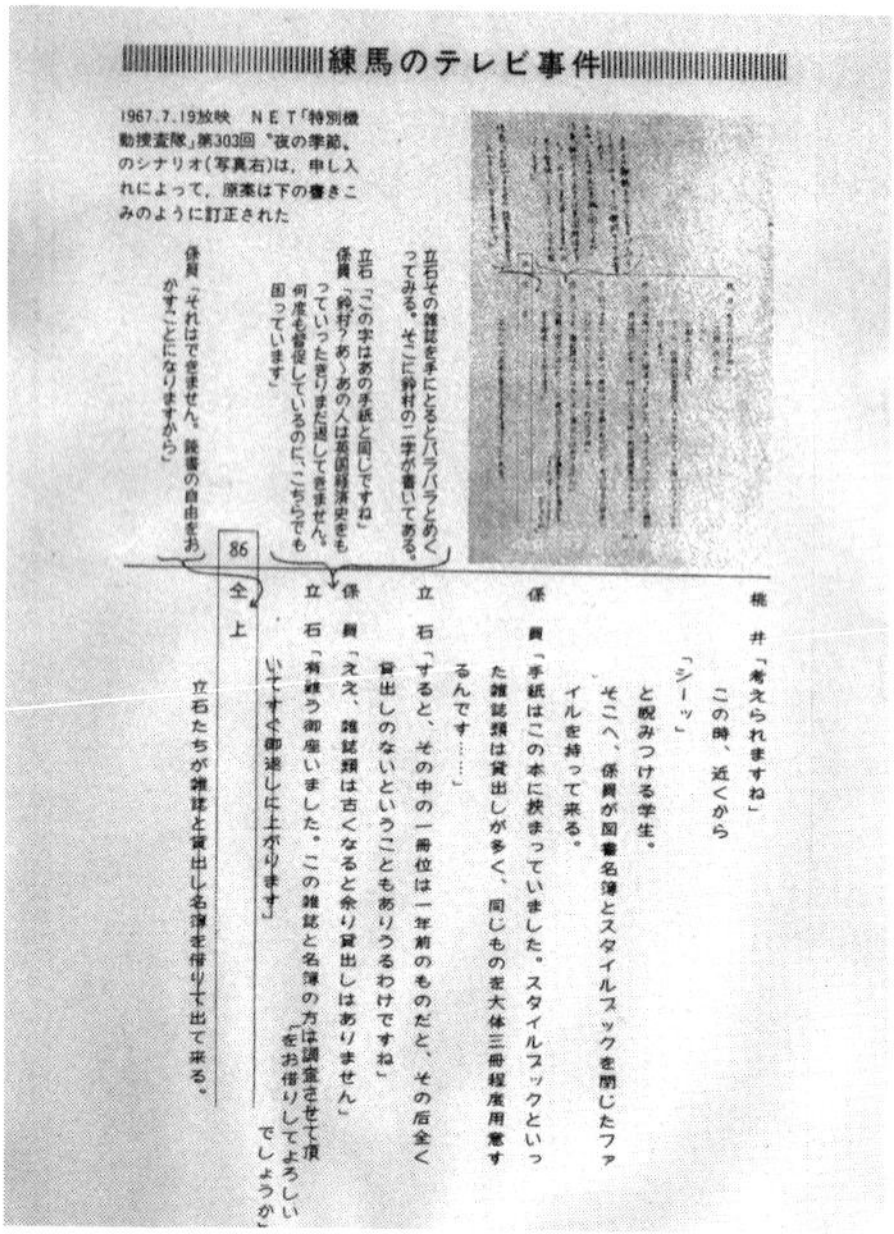

練馬のテレビ事件

1967.7.19放映　ＮＥＴ「特別機動捜査隊」第303回〝夜の季節〟のシナリオ（写真右）は，申し入れによって，原案は下の書きこみのように訂正された

立石その雑誌を手にとるとパラパラとめくってみる。そこに鈴村の二字が書いてある。

立石「この字はあの手紙と同じですね」

係員「鈴村？あ〜あの人は英国経済史をもっていったきりまだ返してきません。何度も督促しているのに、こちらでも困っています」

係員「それはできません。読書の自由をおかすことになりますから」

桃井「考えられますね」

この時、近くから

「シーッ」

と睨みつける学生。

そこへ、係員が図書名簿とスタイルブックを閉じたファイルを持って来る。

係員「手紙はこの本に挟まっていました。スタイルブックといった雑誌類は貸出しが多く、同じもの丈大体三冊程度用意するんです……」

立石「すると、その中の一冊位は一年前のものだと、その后全く貸出しのないということもありうるわけですね」

係員「ええ、雑誌類は古くなると余り貸出しはありません」

立石「有難う御座いました。この雑誌と名簿の方は調査させて頂いてすぐ御返しに上がります」

「をお借りしてよろしいでしょうか」

86　全上

立石たちが雑誌と貸出し名簿を借りて出て来る。

変更されたシナリオ

暑い日盛り。図書館の前に学生が行列をしている。そこを二名の刑事が「暑いのにたいへんだなあー」とか言いながら通りぬけて、カウンターの前に立つ。そして女子館員に、犯罪捜査のために使うので、「この雑誌と名簿の方をお借りしてよろしいでしょうか」と言う。女子館員は「それは読書の自由をおかすことになりますからお貸しするわけにはいきません」と断わる。刑事は諒承して立ち去って行く。

このようにできたのは、日常的に会議が持たれている民主的な職場であったからこそだった。図書館として、即座に事実を具体的に調べ、方針を関係者に訴え、ともに考えていくということが、図書館の自由を守る方向でこの事件を解決する大きな力となったのであった。

今回の事件によって、私達は「読書の自由」ということが、こんなかたちで、日常にあらわれるということ、「住民ための図書館という目標も、日常の積上げで現実になるということ、そして私達の日常の仕事の大切さと責任を、感じさせられた。また、日図協や図問研など図書館の全国組織が各地の図書館活動を支え、援助してくれたことが大きく、「組織が確立していることを前提にすれば、一館での結果は必ず連鎖反応を生む。この意味で自分の働く図書館を具体的な面でよくすることは、結局日本の図書館をよくすることである。」（一九六八年八月図問研第一五回大会基調報告）という言葉を生み出した事件であり、その教訓から組織の重要さを感じたことであった。

(3) 私の「配転」闘争と図書館の仲間

①職場の変化　一九六八（昭和四三）年四月、館長退職のあとに元館長が、係長職あと一年残し再び図書館長として異動してきた。この四月開館当初から一緒に仕事をして来た二人が転出していった。一人は、図書館勤務五年を超え他の係へ異動させられるのを怖れて、事前に、「都区の一般職員人事交流」という制度のもとに他区の図書館を希望し異動していった。この制度は、「都区行政の一体性を確保し、都区に勤務する職員の人事管理の円滑適正を期するため……都区相互間及び区相互間の人事交流を定期的に実施する」というもので、同一局区三年以上勤務で、他局区に転出することを希望できるものだった。

すでに異動希望を出したと知らされた時はショックだった。図書館から図書館へ異動出来る一つの方法であった。しかし、私はこのような、職員を大事にしない区の態度にハラが立った。

もう一人は、家庭の事情で郷里へ帰っていった。

これまで、職員は、大きく分けると新規採用で図書館に配属された者と、年輩者という構成であり、若い層がいろいろ考え出し、年輩者が支持してくれるというかたちで、仕事が進んでいく協力の雰囲気があった。それがこの時期の異動で変化し、新しい協力関係が生れる暇もなく、六月、私の配転が起きた。

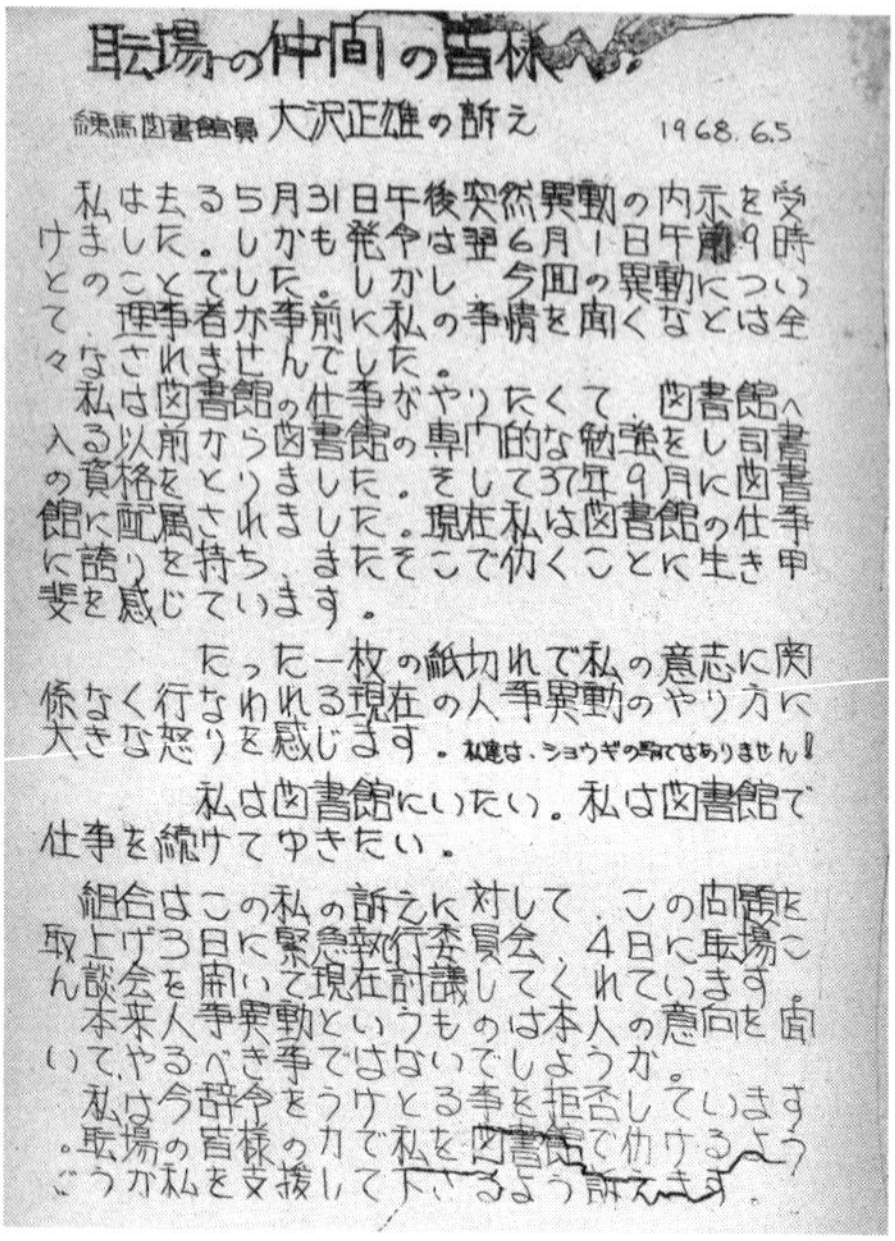
職場の仲間の皆様へ
練馬図書館員 大沢正雄の訴え　1968.6.5
私は去る5月31日午後突然異動の内示を受けました。しかも発令は翌6月1日午前9時とのことでした。しかし、今回の異動について、理事者が事前に私の事情を聞くなどは全々なされませんでした。

私は図書館の仕事がやりたくて、図書館へ入る以前から図書館の専門的な勉強をし司書の資格をとりました。そして37年9月に図書館に配属されました。現在私は図書館の仕事に誇りを持ち、またそこで働くことに生き甲斐を感じています。

たった一枚の紙切れで私の意志に関係なく行なわれる現在の人事異動のやり方に大きな怒りを感じます。私達は、ショウギの駒ではありません！

私は図書館にいたい。私は図書館で仕事を続けてゆきたい。

組合はこの私の訴えに対して、この問題を取上げ3日に緊急執行委員会、4日に職場こん談会を開いて現在討議してくれています。

本来人事異動というものは本人の意向を聞いて、やるべき事ではないでしょうか。

私は今辞令をうけとる事を拒否しています。職場の皆様の力で私を図書館で働けるよう、どうか私を支援して下さるよう訴えます。

異動撤回を訴えるビラ

②突然の異動内示　一九六八年五月三一日夕方、館長から突然、異動の内示を聞き、社会教育課長が来館し異動内示の文書を手渡した。それには、翌六月一日午前九時、発令があるので出頭するように書かれていた。内示文書を手渡す際の社会教育課長の手がぶるぶる震えているのが印象的だった。

私にとってはまさに晴天の霹靂であった。私には、六二年九月開館直後から五年間、練馬図書館を育てあげてきたという自負と、一生図書館で働くんだと決心していた矢先の出来事で、すぐさま、組合事務室に組合役員を訪ねて「この異動に反対だから撤回するよう骨折ってほしい」旨を申し入れた。しかし、組合支部長（当時は支部組織でその長を「支部長」と呼んでいた。）からかえってきた言葉は、「組合は一人のためにあるのではない。全体のためにあるのだから、組合員一人一人の声をきき入れるわけにはいかない」「文句があるなら苦情処理委員会をつくるので、そこでやったらどうか」と、とり合ってくれなかった。職場の仲間たちもこの内示を知らされ、まさに吃驚した。ほとんどの人は同情をしてくれ、なぐさめの言葉をいう人もいた。

一方、あんまり図問研なんかで活動をしているので、とばされたのだという人や普段から職員同士の話し合いで仕事を決めて実行して来たことを苦々しく思う人もいた。

福島さんをはじめ数人の仲間と三一日夜、館長の自宅を訪問して、館長の方からこの異動を断わってくれるよう要請した。

図問研東京支部では、三一日、ちょうど事務局会議を行っていたこともあって、この情報をキャッチすると、直ちに行動をおこし、後藤暢、伊藤峻、小野格士の三氏が翌一日、激励にかけつけてくれた。職場の仲間や、区役所の仲間達が中心となって、今回の配転の不当性と私がこの異動に反対であるというビラを徹夜でつくってくれた。その中で私は、①今回の異動が本人の意思を無視している。②図書館業務の専門性を無視している。の二点をかかげ、現在の労働組合のあり方を含めて誰でも安心して働けるよう、「私は将棋の駒ではない」と訴え、六月五日朝、練馬庁舎の玄関に立って一人で、出勤してくる区役所職員にビラを配付した。

　このビラの反響は予想より大きかった。なぜかといえば、今まで人事異動に対して不満があっても正面から挑戦状をつきつける者はいなかったためであった。あちこちの職場では大きな議論がまきおこった。「今の人事異動は人間性を無視している」「人事異動にたてつくやつはバカな奴だ」「あの行動はヒロイズムだ、あんなことをしてもしようがない」「頑張ってくれ」など、色々な声があちこちから寄せられ、その声がビラとなって、また皆の手元にくばられるというように、問題は大きく広がっていった。

　最初は一人で配っていたビラも、一人二人と一緒に配ってくれる人も増えて、出先等にも配布してくれる人も出てきた。区役所の仲間が中心となって、「人事異動の民主化を進める会」が発足した。理事者は、思わぬ反響に困惑し人事係長や総務課長を通じて、圧力をかけてくるようになった。異動辞令が配達証明付きで送られてきた。

　一方、図書館内では、六月五日の朝ビラの、ニュースが伝わり、「大澤さんの机は残しておこう」など、数人の人達が頑張ってくれた。また、私の替りにくる人にも会って、反対するよう訴えたが、もう発令されては戻るわけにはいかないといって、協力の困難さを示した。

　職員配置板の名札がいつのまにか外され、図書館員の約半数は、私たちの訴えにだまってうつむくのみであった。職場の空気が急激に冷々して、カサカサしていくのが肌に感じられた。職場組合の役員をよんでの職場懇談会でも、積極的に配転反対をとなえる人は数人にすぎず、職場の支えが音をたててくずれていくようだった。しかし、その中でも、何人かは熱心に訴えてくれた。また、区役所の仲間たちもあちこちの職場の仲間に訴え、七日間の辞令拒否を支えてくれた。この間、練馬図書館には、都内あちこちの図書館の仲間から激励の手紙が寄せられ、図問研会員の連帯には、熱い友情をあらためて感じた。

組合の支部長が辞令を受取るよう何度も勧告に来たし、また、暗に公平委員会に提訴しないようすすめて来た。「人事異動の民主化を進める会」は、三つの条件を支部長、書記長に出し、①大沢を早期に図書館に戻すこと、②図書館の専門性を認めること、③図書館は人員不足なので職員を補充すること、の三点が理事者と約束されれば辞令を受取ってもよいと申し入れた。

六月八日、区長代理（当時練馬区は区長が不在だった）、総務課長、人事係長、都職労練馬支部長、書記長、「進める会」を支持してくれている執行委員二名が付いて辞令を受取った。その際に、練馬区には図書館政策や方針がなく、図書館人事がでたらめであること、図書館の職場を重視してない行政からこのような異動が出てくること、今回、辞令はもらうが、この配転は不当であること、したがって、今後二度とこのようなことがないよう改善することを申し入れた。組合の幹部は一言も話しをせず、私の発令式は奇妙な形で終った。

このときの要求は以下のものだった。

① 人事異動の民主化

ⅰ 本人の意思の尊重

ii 内示時期の延長
②大沢を早期に図書館へ戻すこと
③今回の異動理由を明確にせよ
④図書館の人員を増員せよ

この異動問題については、図問研が組織をあげて支援してくれた。図問研第一五回大会では伊藤峻事務局長による情勢報告の中で、図書館員の仕事の専門性について「専門性は、図書館の狭い枠で考えることなく、公共図書館が自治体の一機関であることをおさえ、図書館員以外の専門性を持った各自治体労働者と共にこの問題を追求する態度を取りたい。」と述べた。（『会報』九七号一九六八年一二月二三日、一四頁）私が本当の図書館員になったのはこの時からだった。

「人事異動の民主化を進める会」では、「不当配転反対の闘い」はこの日から始まるのだと互に銘記し合い、今まで〝大沢復帰闘争〟におかれていた重点を、全職員の人事異動民主化に方向をかえて闘いを広げていくことを決定した。

この間、地域文庫のお母さんたちは、「図書館から司書が配転されるのは、サービスの低下につながり、私たちの利用する権利がせばめられる」といって、連日、大澤を図書館に復帰させよと、教育長、区長代理に陳情をくりかえし、区議会議員のところにも訴えにいった。[8]

(4) 民主的な労働組合をめざして

①労働組合役員になって　新しい職場、住居表示課に異動した。職場の人たちは私の行動については好意的だった。まず、新職場の人たちと仲良くやっていける自信が持てた。

住居表示の仕事の合間に地域文庫まわりを行ない、文庫の人たちの支持を大きく広げた。さらに、人事異動に対する今回の労働組合の対応について、これではだめだということで人事異動の民主化をすすめる会を中心に、六九年一月の組合役員選挙に立候補し高位当選を果たした。まず、私は、六月定期異動にむけて、組合として異動希望調査を行い組合員の過半数から六月異動にむけての要求をまとめ、理事者側に提出した。その要求は①人事異動は本人の意思を十分尊重し、希望と承諾を原則とすること。②内示時期は最低一〇日をとること（後に一か月という要求にかわる）の二点を中心として、ねばり強い交渉をつづけた。この結果、あくる年の人事異動は、内示が五月二五日と昨年の前日より大幅にのびた。さらに内示された一二〇名に対して全員の意向を確かめ二〇名の反対者を探しだした。その理由は健康上、子どもの保育園、通勤、人間関係の問題などが出され、一五名は行き先を変更させ、五名は次の異動で動かすことを条件に納得してもらった。労働組合として初めて積極的に取組んだことが組合員に支持された人事異動の民主化はその第一歩を踏み出した。

組合の執行委員になって、任務は賃金対策部長（賃対部長）を担当した。賃対部長のしごとは、組合員の賃金をはじめとする身分上の保護を中心とし、人事、給与・賃金、手当、昇任、昇格などに不利益が出ないように調査し、当局側に働きかけるのが主な仕事だった。時には年配の組合員から辞めたときの退職金や年金の計算などを求められることもあった。当時の年配の職員は兵歴（兵隊になった年数）を持っており、特に外地にいた人は外地勤務の年数が二倍に計算されるようになっていた。

当時は、好景気のあおりから公務員のなりてが少なく、特に練馬区のような周辺区はきらわれていて、採用されても発令日にこない人もかなりいた。そのため東京都は二次三次募集を行う始末だった。また、当時は保育園が足りなくその急増をもとめられ、関東や東京周辺の保母（当時）養成学校からはことわられ、人事係長と九州の熊本県や宮崎県の保母学院を回って応募をお願いして回る始末だった。区はそのために保母寮を設けたのだった。

一九七〇（昭和四五）年六月、石神井図書館準備室開設に先立ち、その人事が取りざたされている中で、図書館の職場有志が組合執行部に対して要望書を提出した。それは、図書館行政を考え将来を見通した人員配置をして欲しい。この期に大沢をもどすことを組合として取り上げて欲しいという要望だった。

②都職労大会で「司書職制度」要求　一方、東京都職員労働組合（以下「都職労」）第四二回定期大会（一九七三年）では代議員に選出され、教育庁支部日比谷分会の石井敏子さん、武田正さんや大田支部の小野格士さん、目黒支部の松岡要さん、江戸川支部の森田喜久江さん、世田谷支部の平川育男さんなどと本部議案に対して「都民要求に応える図書館をつくるために――司書職制度の確立と労働条件の改善――」の補強修正案を提案した。補強修正は採用されなかっ

たが、組合員一二万人都職労の大会の場で図書館問題が提起されたのは画期的なことであった。

③組合の書記長選挙

一九七三（昭和四八）年四月、組合の民主化を旗印に書記長選挙に立候補した。当時の組合は、私の配転時点からはかなり民主化されたが、まだ組合幹部の支部長、書記長、書記次長は特定政党支持派に占められていた。「特定政党支持」というのは、組合が特定政党の支持を大会で決め（機関決定）公職選挙の時、これを組合統制によって組合員に強制するもので、組合員の思想信条を侵害するものとして私たちは反対していた。

組合員の中にはいろいろな思想信条の者がおり、その思想信条の自由を侵害するのは労働組合の趣旨に反するだけでなく、憲法に保障された国民の権利を侵害するものである。労働組合は組合員の一人一人の要求を大事にし、それで団結して行くのが本来のありかたで、むしろ組合員に対する思想攻撃に対して果敢に組合員の権利を守るのが組合の使命である。と言うのがわれわれの考えだった。

そして、組合の書記長選挙に人事異動の民主化と合わせて，労働組合の民主化を掲げて闘ったのだった。

一〇日間の選挙戦の結果、投票率七九・一九％という高投票率の中で一二七一票対一〇六九票の小差で破れた。選挙の結果は負けたが、組合全体がこの選挙を通じて大きく変わっていった。特に現業職場である小・中学校の用務員、学童擁護員、警備員、学校や保育所の給食調理士や保育所の保母（保育師）、保健婦、看護婦、土木課の作業員、運転手らこれらの職種の人たちは何かと事務系と差別された境遇だったため、職場の民主化に大きな期待をよせていた。

特に、私の配転の時、「組合は一人のためにあるのではない。全体のためにあるのだから、組合員一人一人の声をきき入れるわけにはいかない」といった支部長は交替して組合内部も大きく変わっていった。

図書館職場では私の事は図書館に理解のある一組合役員というふうに思われていて、図書館員の仲間意識からは遠ざかっているようだった。

④住居表示課の仕事　組合の執行委員になって、住居表示の仕事のかたわら組合の業務もおこなった。住居表示は「住居表示に関する法律」にもとづいて街をわかりやすくしたり、郵便配達をしやすくしたりするためにつくられた法律だった。練馬区は農地が多く、また農家が新田(畑)を開発すると自分の番地をつけたりして、それらは農家だけのときはお互いにわかったが、六〇年代以降人口が急増して宅地開発がすすむと地番ではまったくわからなかった。練馬区は一九六三年に「住居表示に関する条例」を公布し二月に第一回住居表示が桜台・練馬地区で行われた。それでも、東部地区の江古田、練馬、中村など旧下練馬地区は戦前から区画整理がすすみまだわかりやすかったが、旧上練馬(向山、貫井、春日、高松、田柄)、石神井、大泉地区はまったくの手つかずだった。特に大泉地区は明治時代からの何度もの行政区画変更で埼玉県新座市などに飛び地があった。
住居表示は街区と住居番号が一体となってつくられていて、道路で囲まれた所を街区として

おおよそ三〇〇〇㎡から五〇〇〇㎡、三〇戸から五〇戸を目安に街区番号をつけていく。住居番号は街区の東南の角を起点として時計回りに一五mごとに区切り番号をつけていき、その区切り番号に該当する玄関や主な入口に号数番号をつけていく方式である。すでに住居表示が完了しているところで新たに家が建つと一万分の一の街区図面を持って新築家屋の平面を測りその図を図面上に記入して号数を付けて行くのが仕事で、毎日外歩きの仕事だった。

異動して一年後、大泉地区の住居表示実施の調査を行うため、事務所は石神井庁舎に移りそこから毎日、大泉地域を測って歩いた。それが、後に大泉図書館建設に大いに役立つとは思ってても見なかった。

当時の練馬区では、地域文庫や家庭文庫、読書サークルが多く、特に石神井、大泉地域では新たに文庫を始めたいという人が多く、外歩きの合間に文庫によって、本の選定や整理、貸出しの方法等を頼まれ時間外に通って手伝った。

4　文庫・図書館活動と区長準公選運動

(1)　地域での文庫活動

①文庫連絡会結成にむけて　一九六七（昭和四二）年三月練馬図書館で利用者懇談会がもたれ、

これを契機に七月江古田に「ひまわり文庫」が誕生した。

一九六八（昭和四三）年五月、社会教育課主催の子どもの本学習会「子どもにとってよい本とは何か」が開かれ一〇〇人近い人々が参加した。私はこれを機会に社教主事のNさんをスクータのうしろに乗せ彼女の案内で練馬区内の文庫まわりを行ない文庫連絡会の必要性を説いて歩いた。一方、江古田ひまわり文庫の阿部雪枝さんも連絡会をつくろうと現在活動中の文庫に呼び掛けを行なっていた。

この阿部さんの考えに日本親子読書センターの斎藤尚吾氏、図問研の森崎震二氏らも助言し激励した。そして、一九六九（昭和四四）年三月第一回の準備会がもたれた。準備会には斎藤尚吾氏、さくら文庫、ときわぎ文庫、石神井ひまわり文庫、江古田ひまわり文庫、図問研練馬班の人々が集まり、連絡会づくりの準備に入っていった。さらに、阿部さんたちは多くの人たちの意見を聞くため、区内の読書に関心の深いグループやサークル、個人に広くよびかけ、四月に入って上記グループに加えて、風の子文庫、富士見子どもを守る会、練馬第二小や中村小のPTA読書会、小中学校の先生有志四人、練馬図書館から館長と職員二人、図問研、児図研も参加し、連絡会の必要性を確認して、世話人をきめた。

一九六九年六月、いぬい・とみこさんの記念講演「子どもに何故よい本が必要か」と合わせて、発会式がおこなわれ、名称は「ねりま地域文庫読書サークル連絡会（以下「文庫連絡会」）」と決まった。参加者五七名、文庫連絡会はグループ一二と個人一四で発足した。

②活動の目標　活動の目標として、「①公共図書館をよくする、②学習を継続的にもつ」をかかげた。その後、「文庫連絡会」の活動は図書館充実運動と文庫の交流と学習が絶え間なく行われ、練馬の文庫を増やし育てたばかりか、練馬区の図書館の内容をよくし、新しい図書館をつくる、いわば練馬の図書館行政レベルを向上させる原動力となった。[9]

「文庫連絡会」は直ちに開設が予定されていた春日町青少年館の親子読書室が児童図書室として運営されるよう働きかけて蔵書の選定を委ねられるなど、活発な活動を始めた。以後、石神井以降の各図書館の開設などに積極的に関わるなど、練馬区の図書館と深い関係を保ってきた。

(2)　地域での図書館づくり運動

一九七二年、練馬区の北部地域「仲町・北町・錦地域に図書館を！」という要求がときわぎ文庫を中心としておこり、全区的な図書館づくり運動に発展していった。この時の図書館づくりは、「住民の声を設計に反映させるためのプロジェクト・チームの設置を！」の要求が出され、練馬区にはじめて「図書館建設懇談会」が誕生し、以後練馬区の図書館建設はこの方式で行われるようになった。そして、この図書館は平和台図書館として一九七五（昭和五〇年）に開館した。

この平和台図書館づくりの中で「練馬に図書館をつくるための連絡会」が文庫連絡会、図問研練馬班、などが中心となって一九七三（昭和四八）年に発足し、その後、大泉、関町、貫井と図書館づくりに関わっていった。

この連絡会は図書館関係者以外に地元の児童文学研究者の鳥越信さん、社会教育学者の島田修一さんを迎えての勉強会をひらくなど地域の図書館運動を理論面からの学習をおこなっていった。また、家永教科書訴訟の会も参加し子どもたちの教科書の問題も論じられた。家永教科書訴訟の会の事務局だった伊藤文子さんは後に大泉図書館建設に尽力してくださった人であった。

その後、豊溪小学校のＰＴＡ有志から、土支田地域に図書館をつくって欲しいという声がよせられた。それは豊溪小ＰＴＡ機関紙にのった「図書館が欲しい」がきっかけとなってつくられたグループだったが校長の横やりでＰＴＡ内につくることを禁じられたことが相談のはじまりだった。

しかし、この連絡会の最初の仕事は区長準公選運動だった。

(3)　区長準公選運動

区長準公選運動は一九七二（昭和四七）年、五二の住民運動団体（このなかには当時四〇の文庫を抱える文庫連絡会もその中枢をなしていた）、都職労練馬支部、東京都教職員労働組合練馬支部（以下「都教組」）、練馬区労働組合連合会（以下「区労協」）が協力して「住民参加の行政を訴え、障がい児問題、社会教育の発展」を公約とした革新統一の区長を一九七三年一〇月に誕生させた。

この区長誕生の結果、私は七四年四月石神井図書館に復帰した。

①区長準公選運動の発端　区長準公選運動は、当初四期一六年間務めた須田区長の在任中に起きた給食調理場及び区立軽井沢高原寮の調理用機械器具の購入疑惑と施設水道組合の復旧工事にからむ区職員の公文書偽造、同行使詐欺の疑いで逮捕という問題を発端として須田区長はその責任を追求され、不信任が可決されて議会を解散し、新たに選出された議会によって退任（六七年六月二一日）を余儀なくされたのが区長準公選運動のはじまりだった。

おりしも、六〇年代に入って、自民党による都議会議長職をめぐる収賄が表面化して都議会の黒い霧として問題化した。これに端を発した都議会選挙で自民党は大幅後退し、六七年四月の都知事選挙では革新知事の美濃部亮吉氏が誕生した。

このような都区の政治状況を背景として、練馬区の区長不在と区政の混迷に対して、区民は選挙を通じて区政批判をつよめたのだが、区民の批判はけっしてそこにとどまっていなかった。その具体的なあらわれとして、六七年七月に、学者・文化人、主婦、青年、労組員、区議などによる「練馬自治体問題研究会」（大島太郎会長）が生まれた。当然のこととしてこの会は区長問題をとりあげた。

いく度か研究会を重ねているうちに、つぎの二つのことを発見した。

一つは、区長選任を規定している地方自治法第二八一条三と同施行令二〇九条七では、「区長候補者の決定―知事の同意―区議会の選任」という三つのプロセスを定めているだけで、第一段階、すなわち区議会が区長候補者をきめる方法についてはなにも定めていないことが明らかとなった。

二つ目は、一九六三（昭和三八）年の最高裁判決によってばくぜんと選任制＝合憲と判定されてしまったと考えられていたが、実は選任制でも「違憲ではない」とされただけであって、公選制は立法政策上の問題だとにげて、これを違憲だとはいっていない。このように法体系自体がたいへんな不備を示しており、それが法の真空地帯になっていることが発見された。かくしてこの真空地帯を埋めるものとして、区条例制定による区民投票が考えだされたのである。

②準公選条例の制定請求と区側の妨害　一九六七（昭和六二）年九月二日練馬区の区長準公選を期した「区長を選ぶ練馬区民の会」が結成された。練馬区民の会は「練馬区長候補者決定に関する条例」の制定を要求する請願書を区議会に提出した。この方式は、「公選」ではないが、それにもっとも近い成果をあげることができるという意味で「準公選」と名づけられた。また練馬区ではじめて提唱されたところから「練馬方式」ともいわれた。

これに対して、練馬区長職務代理者は窓口でこれを却下するという暴挙をおこなった。区民の会は、直接請求権（地方自治法第七四条）は住民の発意によって立法をおこなう道を認めたものであり、条例制定の権限は直接請求を受けた議会にある。行政機関が「窓口拒否」をおこなったのは主権者である住民と立法権をもつ議会に対する重大な権利侵害である。民主政治の根本をおびやかすとして訴訟をおこなった。この訴訟は一九六八年六月六日東京地裁の判決で勝訴した。東京都は美濃部知事が判決の妥当性を承認し、「控訴すべきでない」旨の談話を発表した。一方、練馬区当局は自治省の指示のもとに区議会にもはからず即日東京高裁に控訴した。その後練馬区長は四〇三日の空白期間をおいて片健治氏が七月二五日に区議会で選任されたが、東京高裁は一一月二八日、区長準公選制に関する区条例制定の直接請求権を認める判決をおこない、区民の会はふたたび勝訴した。片区長は控訴をしなかった。[10]

この間、準公選による区長が一九七一年、中野区で大内正二氏が、一一月一三日には品川区で二人目の革新区長多賀栄太郎氏が選任された。

③区長候補者決定の区民投票条例可決　練馬区の区長不在期間は四四四日におよんだ。

一方、住民、労働組合、民主団体は一九七三年九月一日「革新区政を実現する練馬区区民連合」を結成し、労働組合・市民団体四一団体、社会党、共産党、公明党、民社党など二五〇名が参加し、革新区長勝利のためにすべての力をだしあうことを誓った。社、共、公、民の四党は先に革新区制を実現する四党政策協定を結んだ。

これらの運動が中心となって議会会派の全会一致により区民投票条例が可決した。

④革新統一区長の誕生　これを受けて、一〇月二日革新統一候補・区民連合推せん田畑健介氏が立候補し、「革新四党の一致した基本政策を支持して、立候補の決意」を表明、革新都政六年間の「都民参加」「シビル・ミニマム」に倣い、環境、教育、福祉等区民生活に直結した行政を立て直し、「対話」から「区民参加」の区政を実現するために奮闘すると述べ、自民党の

推せんは受けないと明言した。

一〇月二一日に練馬区長候補者選定区民投票の実施が決まり、準備が進められたが、一〇月一日から一〇月四日の立候補届け出期間に、立候補者は田畑健介氏一名であったため、練馬区長候補者選定に関する条例付則第四項によって区民投票は実施しないことになった。

一九七三（昭和四八）年一〇月一六日、議会は「準公選方式」で田畑健介氏を全員一致で新区長に選んだ。

文庫連絡会は、一〇月二六日に行われた新区長との対話集会で、図書館に対する要求として①司書を図書館にもどすこと、②資料費を増額する事を要望した。

この間、私も都職労練馬支部の一執行委員として、区労協に参加し、教職員組合、保健所支部、東映労組、田村製作所労組などと革新区長実現の運動に挺身し、文庫連絡会をはじめ住民運動団体と一緒になって、区内での集会や宣伝活動に邁進した。

一九七四（昭和四九）年六月一日、地方自治法が改正されて区長公選制が復活した。

5　念願の図書館復帰

一九七四（昭和四九）年四月一日石神井図書館（一九七〇年一二月一日開館）にもどった。

配転の時いろいろと尽力してくださった福島宏子さんは石神井図書館の事業係長として私を

迎えてくれた。私が図書館に辞令をもって行った時、福島さんの目に喜びの涙が光っていた。福島さんは「革新区長の誕生というのはこういうことなのね」とつぶやいていた。

図書館の仕事に復帰した私は、その後、図問研の事務局長となり、荒川区の図書館員陰山さんの配転闘争の支援活動を行うことになる。

これら私が関わった運動のかげには常に文庫連絡会と図問研があり、私がつらくなって投げ出そうとする度に励まし力づけてくれた。特に区内では文庫連絡会代表の阿部雪枝さんがこの間、常に私を図書館へ戻す要求を区に対しておこなってくれていた。また、区議会や都議会にも司書職設置の陳情や請願をおこなった。さらに、準公選運動の対話集会の時も「経験のある司書」を図書館に復帰させるよう区長候補に要求してくれていた。

私が現在、図書館員としてあるのは阿部さんを中心とする練馬の文庫の人たちと図問研の組織だと思っている。

注

1　大澤正雄「図問研との出会い」『別冊みんなの図書館　図書館問題研究会の四〇年』一九九五年、別冊三号、二〇～二六頁

2　清水正三編『公共図書館の管理』シリーズ・図書館の仕事・三　日本図書館協会一九九八年一〇月、一五〇頁

3　山口源治郎・広井ひより「図書館条例・規則の研究（一）―多摩地域二七市の図書館条例を中心に―」『図書館研究三多摩』第二号、一九九七年、四八頁
4　前掲『図書館研究三多摩』第二号、五〇頁
5　大澤正雄「貸出方法の改善」『図書館雑誌』五九巻四号、一九六五年四月号、二八頁
6　図問研『会報』八五号、一九六七年七月一〇日、一二～一三頁
7　図書館問題研究会編著『図説　図書館のすべて』ほるぷ出版、一九八五年一二月一〇日、二三四頁
8　大沢正雄、野々村恵子、福島宏子、阿部雪枝「練馬区の図書館状況と私の配転」『図書館評論一三号』図問研一九七四年八月二〇日、三六～四三頁
9　阿部雪枝『江古田ひまわり文庫一五ねんのあゆみ』一九八二年一二月、一四頁
10　東京都政調査会編『区長準公選―その思想と方法』東京都政調査会、一九五二年四月一日、三三、一三七頁

参考文献

1　練馬区史編さん協議会『練馬区独立三〇周年記念練馬区史　現勢編』東京都練馬区一九八一（昭和五六）年一〇月二〇日
2　練馬区議会編『練馬区議会史』練馬区議会　一九九一年

第2章　大泉図書館をつくる

1　大泉図書館の建設

はじめに

六〇年代、大泉地区は練馬区の一番西のはずれ、埼玉県と保谷市に接する地域でほとんど畑が続く田園地帯であった。西武池袋線がまっすぐ西へ伸びる練馬区の一番外れに大泉学園駅がある。駅から北に伸びる一本のバス道路の両側は電車と並行に走る大泉街道を越えると見渡す限りの畑と雑木林だった。

駅名は「大泉学園」と「学園」は付いているが、学園らしいのは駅の南側にある東京学芸大附属大泉小学校と都立大泉高校くらいで、北側の大泉街道から北に入ったところに東映撮影所があった。

東映撮影所は東横映画が前身で、戦後にかけて『肉体の門』、『風の子』、『東京無宿』、『脱獄』など数々の名画を輩出した。東映になってからは任侠物、『網走番外地』、『トラック野郎』など活劇が多かった。また、東映動画は『白蛇伝』、『狼少年ケン』、『銀河鉄道九九九』などのヒット作を制作した。

大泉地区は面積一万一三五四㎢、開館当初の人口は一一万一一六九人で人口密度は一万人／㎢弱であった。大泉学園駅周辺は東映撮影所のせいか駅前には瀟洒なレストランなどがあり、当時は落ち着いた郊外の町であった。一日の乗降者数は三万九二七三人で、西武池袋線の乗降客数では当時最高だった（一九八〇年一〇月一日現在＝『練馬区統計書』五五年版）。

(1)　住民による図書館要求運動

当時の練馬区は、練馬図書館（一九六二年開館）、石神井図書館（一九七〇年開館）、平和台図書館（一九七五年開館）の三館のみで、西部には図書館はなかった。その頃、練馬区の人口は五五万人、面積は四七㎢と大田区、世田谷区、足立区、江戸川区に次ぐ面積の大きさだった。区内の交通機関は東西を走る鉄道が北側から東武東上線、中央が西武池袋線、南側に西武新宿線の三本が通っていて、南北の縦の線は駅間のバスで連絡されているのみで区内の移動には大変不便だった。また、大泉からの図書館利用は近くの石神井図書館でも電車・バスを乗り継いで一時間以上かかる不便さだった。したがって、図書館設置の要望はかなり強いものであった。

そのような中で、練馬区西端の保谷市に近い地域の住民が、「西大泉に図書館をつくる会」を発足させ、一九七三（昭和四八）年九月に四八二一名の署名をつけて区議会に請願した。請願は、翌年一九七四（昭和四九）年七月議会で採択された。

大泉地域では西大泉の発願にはじまった運動に、大泉学園連合町会からも要望が出され用地の照会も双方から出されていた。区側は大泉学園通り側に小学校の用地としてその一部を確保しようとしていた土地があったが、法定面積（小学校の面積）に足りず購入を見合わせていたところがあった。

一九七五（昭和五〇）年四月、区は用地買収費四億五〇〇〇万円を予算（起債）計上し、具体的な用地確保に動き出した。

区の用地確保の動きに合わせて西大泉、学園町の団体のよびかけによって一九七五年六月に、「大泉の図書館を考える集い」が開かれた。そこでは図書館の施設・運営などの勉強会を行い、大泉地域の各団体によびかけ学習会を組織していった。そして七月九日に学習会、九月には清瀬市立図書館と東村山市立図書館を見学した。そして、同九月〝練馬の建築をよくする会〟が大泉図書館の設計を「コンペ方式」にするよう請願を区議会に行い、企画・総務委員会で採択された。

その後、一一月に用地の選定と図書館ができるまでの移動図書館の巡回を求める請願が出され、移動図書館の巡回は認められて、用地選定については継続となった。「西大泉に図書館をつくる会」「大泉地域に図書館をつくる会」「大泉学園公園に移動図書館を希望する会」の三者から建設の促進、きめ細かいサービスを求める要望が行われた。

一九七五年一二月、教育委員会は候補地を視察し、大泉地域のほぼ中央部の学園町二二四五番地に用地が決定した。決定に先立ち一二月一七日請願グループ三者と教育長と区議会文教委員会の話し合いがもたれて、住民側から、①大泉地域は広大なので将来複数館は建てること、②分館を西大泉町に建設する、の要望が受け入れられ請願グループ三者の用地決定の請願に関する意見書が下記の通り出され、用地買収の決着を見ることになった。

一九七六（昭和五一）年四月、請願団体三者は「大泉に地域図書館をつくる会」（以下「つくる会」）に統合した。会の構成は、この

大泉の図書館について請願に関連する意見書

①現在、区の決定されようとしている用地は、大泉一館構想という観点から打ち出されたものですが、私達はこれを、認めることができません。大泉１館構想の背景にある練馬７館構想（注；当時区は練馬区内を７つの地域に分けてそれぞれに図書館をつくる長期計画を持っていた。）そのものを考え直し、距離的な関係、人口の増加など考慮し、大泉にふさわしい、住民の利用しやすい地域図書館のあり方として、２館をすすめていただきたい。

②起債などの点から、現在の土地を今の時点で購入する場合には、従来の１館構想にもとづく図書館構想からではなく、大泉地域にふさわしい図書館構想たとえば、1,000㎡前後のものを購入用地も含め、他に２館を、西大泉地区及び北大泉地区に建設して行くなどいろいろ考えられますが、そのような大泉地区の図書館のあり方を今後検討し、実行してゆける「協議会」を運用してゆくことを付帯条件として、私達は今回の用地を認めてもよいと考えます。

ほか絵本の会、地域・家庭文庫、地下鉄一二号線の会、家永訴訟を守る会、高校増設の会、練馬の建築をよくする会、各地域の自治会、町内会などが参加した。会長はこぐまちゃんシリーズの絵本作家若山憲さんが推され、事務局長には大泉で生まれ育った東京学芸大学大学院建築科院生の丸谷博男さんが就かれた。丸谷さんはまだ三〇歳前後の新進気鋭の建築家で、その後の運動は彼の力によるところが大きかった。

区側は直ちに要望に応え、石神井図書館の移動図書館車〈こぶし号〉を大泉学園公園、西大泉の四面塔稲荷神社の境内に巡回開設することになった。開設してみると、学園公園、稲荷神社とも利用は多く、特に神社ではものすごく、移動図書館車こぶし号に加え石神井図書館の公用車（ライトバン）にも木の箱に詰めた本を積み込み、木の箱を境内一杯にひろげての店開きだった。一回の巡回で一か所約二〇〇〇冊の本が貸出されるなど、図書館を求めるすごさを現わしていた。

(2)　大泉に地域図書館をつくる会の活動

一九七六（昭和五一）年四月に発足した「つくる会」は、まず、新図書館のイメージを語る会を主催し、地域住民の図書館に対する思いを出し合うことからはじめた。参加者がそれぞれ、自分の図書館についての考えを出し合い、図書館が楽しい場所であること、みんなが集まれる場所、調べ物など自分の勉強ができるところなどが出され、また、音楽を聴いたりレコードなどを貸してくれたり、音楽会や演奏会などができるところなどの思いを語り合った。

それは、以下のようにまとめられた。

その前、三月に大泉図書館建設構想作成のための要望書を提出。四月には広い範囲の住民に対して「大泉図書館について話し合いましょう」のよびかけで「話し合いの会」をもった。

三月の要望書を提出したあと「つくる会」は四月に正式に発足し、代表が若山さん、事務局長に丸谷さんが就任した。そして発足に合わせて図書館についての「話し合いの会」を持った。「話し合いの会」のあと、一一月には「大泉図書館について考える集い」を開き、請願者を含めた「話合いの会」の経過説明などを行い、大泉図書館に対する幅広い住民の理解と「つくる

第１回配布のビラ「あと２年で大泉に図書館ができます」の中身

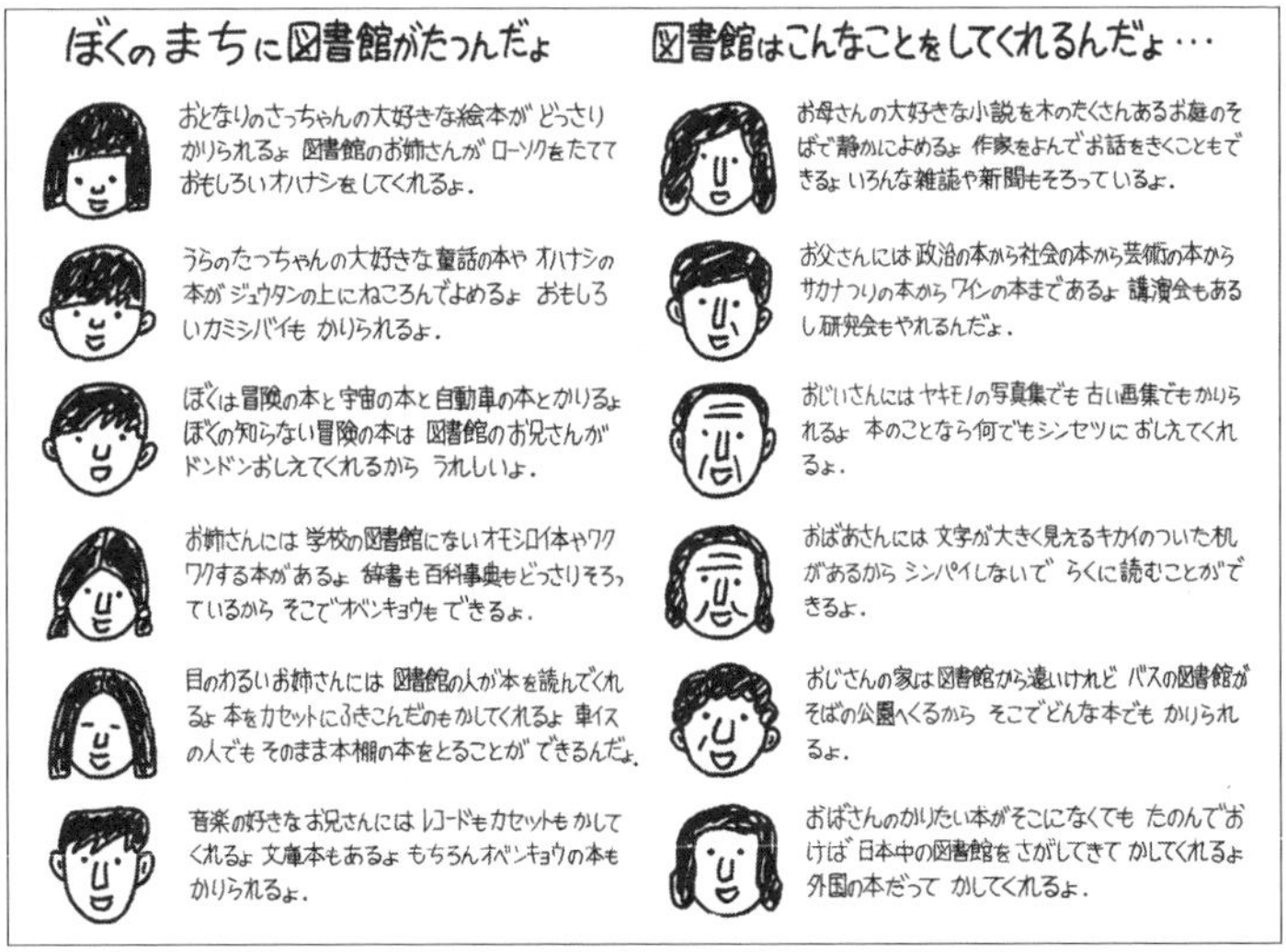
ぼくのまちに図書館がたつんだょ
おとなりのさっちゃんの大好きな絵本が どっさりかりられるょ 図書館のお姉さんが ローソクをたてて おもしろいオハナシをしてくれるょ.
うらのたっちゃんの大好きな童話の本や オハナシの本が ジュウタンの上にねころんでよめるょ おもしろいカミシバイも かりられるょ.
ぼくは冒険の本と宇宙の本と自動車の本とかりるょ ぼくの知らない冒険の本は 図書館のお兄さんが ドンドンおしえてくれるから うれしいょ.
お姉さんには 学校の図書館にないオモシロイ本やワクワクする本があるょ 辞書も百科事典もどっさりそろっているから そこでオベンキョウも できるょ.
目のわるいお姉さんには 図書館の人が本を読んでくれるょ 本をカセットにふきこんだのもかしてくれるょ 車イスの人でも そのまま本棚の本をとることが できるんだょ.
音楽の好きなお兄さんには レコードもカセットも かしてくれるょ 文庫本もあるょ もちろんオベンキョウの本もかりられるょ.
図書館はこんなことをしてくれるんだょ・・・
お母さんの大好きな小説を木のたくさんあるお庭のそばで静かによめるょ 作家をよんでお話をきくこともできるょ いろんな雑誌や新聞もそろっているょ.
お父さんには政治の本から社会の本から芸術の本からサカナつりの本からワインの本まであるょ 講演会もあるし研究会もやれるんだょ.
おじいさんには ヤキモノの写真集でも 古い画集でもかりられるょ 本のことなら何でもシンセツに おしえてくれるょ.
おばあさんには 文字が大きく見えるキカイのついた机があるから シンパイしないで らくに読むことができるょ.
おじさんの家は図書館から遠いけれど バスの図書館がそばの公園へくるから そこでどんな本でも かりられるょ.
おばさんのかりたい本がそこになくても たのんでおけば 日本中の図書館をさがしてきて かしてくれるょ 外国の本だって かしてくれるょ.

会」の図書館についてのさらなる要望がまとめられた。

一九七七年五月には先進図書館の見学会をもった。一〇月には区側の基本設計がつくられたことに伴って、模型を作成し、立体的な理解をみんなで共有した。そして一一月には「準備室設置」の要望を区教委に対して行った。

一九七八年三月、〝絵本の会〟と共同で『一〇〇冊の絵本』の冊子を作成し、新図書館においてもらうように要請した。

四月には、若山憲さんのイラストによる、「あと二年で　大泉に図書館できます！」のチラシを作成し大泉地域に配布した。一〇月には建設工事が着工した。そして、一一月には準備室と共同で、館内レイアウト、家具について検討した。

一九七九年二月、「大泉図書館に司書を配置して欲しい」の請願を区議会に提出し、三月に採択された。工事は順調にすすみ、春には建設懇談会の建設現場見学会が行われ「つくる会」も参加した。四月には、開館式について検討した。

若山憲さんイラストによる第１回配布ビラ

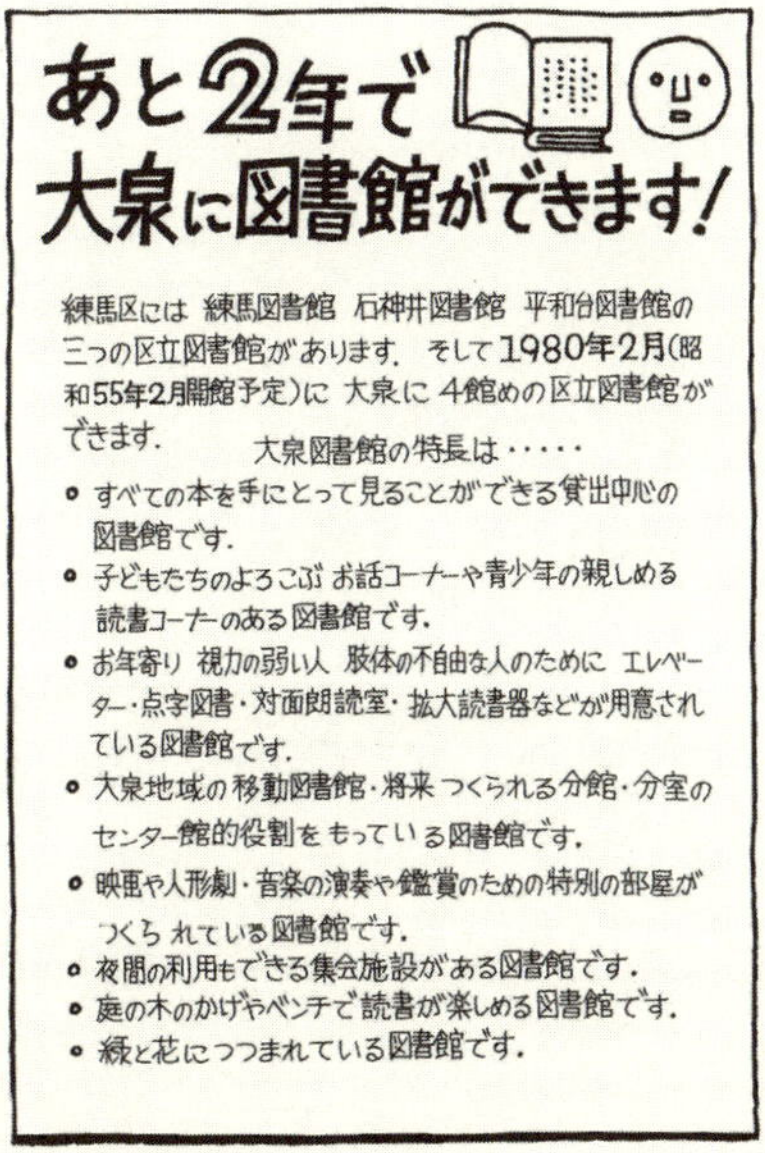

（仮）大泉図書館構想作成のためのプロジェクトチームについての要望書

〔教育長、社会教育課長宛　1976.3.10〕

図書館建設のためのプロジェクトチームを、適切な構成でもって早期に発足させ、直ちに計画づくりを進めていただきたい。

（仮）大泉図書館は、練馬、石神井、平和台に続いて四館目として建設される地域図書館です。これまでの練馬区における図書館活動の中で、様々な要望、不満、問題点が利用者からは勿論、職員・行政側からも多々あったことと思います。又、昨年、用地決定の際には、住民側から、大泉地区における図書館のあり方についての意見が出されるなど、（仮）大泉図書館を、住民の親しみやすく、使いよい、そして大泉の地域事情に適応した地域図書館として実現したいという声は大きく高まっています。こうした住民の積極的な要望・姿勢も行政との協力なしには、新しい地域図書館の実現をみることは不可能です。行政の積極的な姿勢を期待いたします。

又、この新しい地域図書館を実現するのは、プロジェクトチームの役割です。図書館に理解を持ち、そして何よりも新しい図書館を求める意欲をもつ者こそが、そのプロジェクトチームメンバーとしてふさわしいことは誰もが認めることでしょう。私達は平和台図書館の経験をひきつぎ、プロジェクトチームの構成員として次のように要求します。

1. 地域文庫や読書サークルを運営して活動している人々
2. 図書館運営の改善を要求し活動している人々
3. 図書館設置要求の請願者
4. 各地域からの代表者（町会の中で図書に強い関心と理解をもつ者、またはPTAからの代表委員）
5. 図書館研究者
6. 図書館建築の専門家
7. 学校図書館に携わる教師
8. 図書館職員で司書資格を有し、経験豊富な者
9. 社会教育主事

昭和51年3月10日

大泉に地域図書館をつくる会
代表　丸 谷 博 男

その後、「つくる会」は準備室と共同で、開館に向けての第二弾のチラシ（「らいねん二月に大泉に図書館が誕生」）配りや、ポスター貼りなどに協力し、さらに開館祭りの実行委員会をつくり大泉地域の住民がみんなで祝える態勢を準備した。

2　図書館建設懇談会の発足

「大泉に地域図書館をつくる会」は大泉図書館をつくるにあたり地域住民の声をひろく集める、図書館建設構想作成のためのプロジェクト・チームを区側に要求した。このプロジェクト・チームはすでに平和台図書館建設にあたって、建設懇談会という名称でつくられた経緯があったため、設置することがすんなり決まった。

構成は、

小中学校長　二名

青少年委員　二名

「話し合い」のよびかけビラ

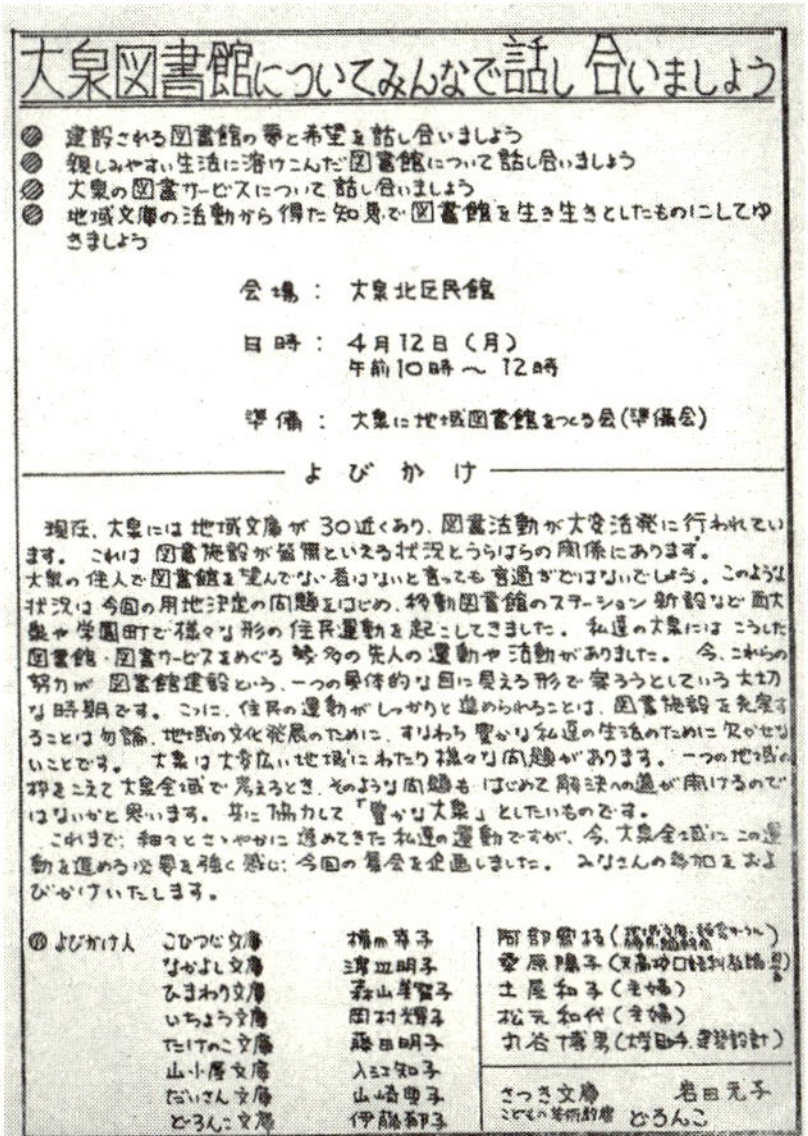
大泉図書館についてみんなで話し合いましょう

◎ 建設される図書館の夢と希望を話し合いましょう
◎ 親しみやすい生活に溶けこんだ図書館について話し合いましょう
◎ 大泉の図書サービスについて話し合いましょう
◎ 地域文庫の活動から得た知恵で図書館を生き生きとしたものにしてゆきましょう

会場：大泉北区民館
日時：4月12日（月）午前10時～12時
準備：大泉に地域図書館をつくる会（準備会）

よびかけ

現在、大泉には地域文庫が30近くあり、図書活動が大変活発に行われています。これは図書施設が皆無といえる状況とうらはらの関係にあります。大泉の住人で図書館を望んでない者はないと言っても過言ではないでしょう。このような状況は今回の用地決定の問題をはじめ、移動図書館のステーション新設など西大泉や学園町で様々な形の住民運動を起こしてきました。私達の大泉にはこうした図書館・図書サービスをめぐる数多の先人の運動や活動がありました。今、これらの努力が図書館建設という、一つの具体的な目に見える形で実ろうとしている大切な時期です。ここに、住民の運動がしっかりと進められることは、図書施設を充実することは勿論、地域の文化発展のために、すなわち豊かな私達の生活のために欠かせないことです。大泉は大変広い地域にわたり様々な問題があります。一つの地域の枠をこえて大泉全域で考えるとき、そのような問題もはじめて解決への道が開けるのではないかと思います。共に協力して「豊かな大泉」としたいものです。
これまで細々とささやかに進めてきた私達の運動ですが、今、大泉全域にこの運動を進める必要を強く感じ今回の集会を企画しました。みなさんの参加をおよびかけいたします。

◎よびかけ人
こひつじ文庫　楠田幸子
なかよし文庫　澤田明子
ひまわり文庫　森山美智子
いちょう文庫　岡村輝子
たけのこ文庫　藤田明子
山小屋文庫　入江知子
だいさん文庫　山崎忠子
どろんこ文庫　伊藤郁子
阿部雪枝
桑原陽子
土屋和子（主婦）
松元和代（主婦）
丸谷博男（建築設計）
さつき文庫　岩田元子
こどもの美術教室　どろんこ

地域文庫　一名
図書館をつくるための連絡会　二名
請願団体　三名
地域住民　六名
教育委員会　二名（石神井図書館長、平和台図書館長）

の計一八名と、その他に助言者として、社会教育課長、図書館職員、施設部・施設営繕課職員などが出席した。

建設懇談会は一九七六（昭和五一）年一一月五日の第一回から開館直前の一九八〇（昭和五五）年一月の第一八回まで行われた。そこでは、大泉図書館運営計画、建設・施設計画をもとに審議した。討議は事務局（社会教育課）で作成した基本構想案にもとづいて八回（一九七七（昭和五二）年五月まで）、次に基本構想図について一一回（一九七七（昭和五二）年九月まで）、基本設計図、実施設計図の検討が一四回（一九七八（昭和五三）年七月まで）、運営計画については一八回まで行われた。

以下、主な討議内容を紹介する。

(1)　基本構想案の討議

まず、最初は今度できる大泉地区の図書館は既設館を加えて四館になるため、区全体の図書館組織網計画の樹立、その計画網の中で今回の図書館をどう位置づけるかということ。区がもっている七館構想（当時の四館に加えて、江古田・小竹地区、田柄地区、関町地区の三地区）では少ないので、各地域に多数の地区館を整備すること。

位置づけについては、大泉地区住民に対して図書・資料・場所を提供する〝情報文化センター〟とすることを基本的考えとする。

したがって当館周辺の住民に対する直接のサービスを行なうと同時に移動図書館・分室、あるいは、団体貸出し等の中枢となるものであり、そのために必要な機能を備える。また、当館は緑豊かな大泉地域の環境に調和させるため、植樹については、最大限考慮し、〝緑につつまれた図書館〟とする。

大泉地区は面積が一一㎢、人口が一一万人あるところから将来複数館を考えること。この図書館は大泉地区の中心館的役割をもたせる。などの意見から、総合的な機能を有する図書館とする。また、明るくて入りやすく外から見てひと目で図書館とわかること。住民や図書館員も使いやすい施設とすること、などがきまった。特に青少年や児童の利用を中心として考え、地域住民の交流の場としてのグループ学習室、集会室、視聴覚室、印刷室、保育室を設ける。図書館から離れた地域の人たちのために移動図書館車をおくこと、などが出され、図書は七万冊以上所蔵でき、緑につつまれた図書館にすることが決定した。

建設規模は用地が三三〇〇㎡（一〇〇〇坪）、建物は鉄筋コンクリート一部地下二階建て一九七六㎡（六五二坪）となった。

(2) 基本構想図の討議

基本構想をもとに、構想図が四案（区側三案、住民側から一案）出され、それらをめぐって討論が行われた。

まず、全体の配置をどう考えるか、そこでは利用しやすい図書館とは職員が働きやすいこと、役所的な雰囲気をなくすことから、事務室を中心としてその周囲に移動図書館関係、ロッカー室、休養室、倉庫とスタッフ・スペースをまとめ、サービス・スペースはカウンターを中心に全体に動きやすいよう、ワンフロアー方式をとった。さらに、対面朗読室は職員がすぐ対応できるようにカウンターの近くに設けるよう要望が出た。事務室からサービス・スペースへの出入り口の扉は、ブックトラックが出入りしやすいよう吊り引き戸にした。

区の営繕課ではこれらの討議をふまえて基本設計図を作成し、全体の検討を経て実施設計図を作成した。

これらの慎重な討議にもかかわらず、完成図面では保育室、印刷室がおとされていた。また、子どもの水飲場が児童コーナーと離れていたり、事務室に手洗いがないこと。特に実施設計討議の段階で、天井高、書架の高さ、配置、照明器具・スイッチの位置、さらに、書架の機能とデザイン、案内標示などが考慮されず、基本構想を生かしきれていなかった。

(3) 運営計画

運営方針の討議をこの会で行うことに難色を示した区教委・社会教育課に住民側から激しい反発があり、結果的に基本構想にもとづいて討議が行われた。その結果、運営の基本を「地域住民の知識と交流を保障する文化センター」とし、近隣の来館者はもとより、図書館から遠く離れている人、寝たきりの人にもサービスを保障していくことを柱に、主に次の計画がつくられた。

地域の〝情報文化センター〟とするため、幼児から老人まで、年齢等を問わず、住民全般を対象とした〝貸出し〟を中心とし、地域住民が憩える交流する場とするため、施設・運営面で配慮した。

また、青少年や児童用の図書については、特に地域文庫が多い地域性を考慮して充実を図ることとした。

①調査・研究・学習のための施設・資料の整備
住民が調査・研究・学習するための施設・資料を整備し、提供するとともに相談業務についても充実すること。地域のグループや団体、個人の学習、研究調査の援助。
②視聴覚活動の施設・投備の充実
③文化集会活動のための施設・設備の配慮
住民が図書・資料を使用して、読書会・研究会等を開催できるよう施設・設備を考慮する。

会合のため読書会室・読書室の開放。地域の同好グループや町内会の催し、サークルの行事や集会に視聴覚室を開放することとした。

④肢体不自由者・視力障がい者への配慮

肢体不自由者・視力障がい者も支障なく利用できるよう施設・設備について最大限配慮する。対面朗読の実施。

⑤移動図書館用施設・設備の充実

当館に比較的遠い距離の住民に対してきめ細かなサービスを実施するため、大泉地区の移動図書館の拠点とするため、関係施設・設備を整備した。

⑥「絵画」の貸出しおよび病院サービス

⑦地域返却ポストの設置と資料の回収

⑧フロアー・サービスを行い、利用者の相談に常に応じる

(4) 建設現場の視察

懇談会は一九七九（昭和五四）年四月、前年一〇月に着工した建設現場を「つくる会」の人たちと視察・見学した。

いままで、図面や模型で示されていた形を、場所を確認しながら中身を実感した。建設工事は順調にすすみ同年八月に竣工した。

3　図書館準備室の動き

(1)　準備室の開設

一九七八（昭和五三）年四月一日、準備室長に浜中董弘氏が着任した。本格的な準備作業は八月に職員三人が配属されて開始された。最初は場所がなく、教育委員会社会教育課の片隅に石神井図書館からきた私と真木重光さん、桜台出張所からきた吉田さんを加え準備室長の四人で机を並べての作業だった。

図書費二万冊の補正予算が認められ、出入りの書店、取次ぎを通して各出版社から出版案内を取り寄せた。当時、出版社の数は約二〇〇〇社ともいわれ、取り次ぎを通さない極小零細出版社や地方出版の本などが入手しにくく、出版年鑑の名簿や新聞・雑誌の広告をたよりに広く出版案内など選書資料を集めた。それらは、取り次ぎから段ボール箱につめられて送られてきた。その出版社の出版案内を出版社のジャンルと出版社名で区分けした。だいたい大手をのぞいて中小出版社は歴史とか、理工学、医学、国文学、福祉、社会科学、それも政治、経済、法律などの専門分野に分かれていて、出版社名がそのジャンルを表わしていた。例えば、理工学社は理数系の本、吉川弘文館は歴史関係、鹿島出版会は建築工学、角川書店は国文学・短歌、文藝春秋は文学・小説などと決まっていた。

(2) 図書の選定と購入

資料構成については、①基本図書、参考図書のほか、②児童書、物語・小説、③その他ノンフィクションを三等分して構成することを考えていた。それは、図書館の資料構成は五年ないし一〇年はかかること。しかも、地域に見あった資料構成は主体的には地域住民の利用によってつくられていくことが地域図書館としては望ましい。特に開館当初は一般書、実用書の貸出しが非常に多いことを考慮することが必要であった。

選書の一方、整理規準を作成した。購入については、私が石神井図書館にいたとき、書店組合を区役所と契約ができる法人格としていたため、書店組合から購入することができた。搬入は地元大泉の書店にお願いした。児童書は学校図書館サービスの尾下千秋さんが搬入してくれた。整理は都立図書館、杉並区、日野市、浦安市立図書館等の整理委託を行っているブックスの野呂助四郎さんに頼った。

準備室は開館前年の一九七九（昭和五四）年四月、一八名に増員され、人数が増えたため旧石神井東中学校校舎（現在の順天堂病院の場所）の教室を使った。すでに選定されて購入した図書は空き教室に山積みされた。第二次の図書の発注をおこなった。当時は注文図書一冊ごとに発注短冊に著者、書名、出版社、金額などを記入しそれを業者に渡すなど手間と時間のかかる作業がつづいた。したがって、ほとんどの人が短冊記入に追われた。

(3) レコードの収集

大泉図書館ではレコードの収拾にも力をいれた。クラッシックやポップス、ジャズなど幅広いジャンルを集めた。この収拾には職員の山田芳治さんが頑張ってやってくれた。彼は、ミュージジャン志望だったが、公務員になった変わり種で音楽特に、ポップスやジャズに詳しかった。たまたま、大泉学園町に住んでいたジャズ評論家の岩浪洋三さんがジャズのレコード三〇〇枚を寄付してくれた。それには、その頃、第一線で活躍しているジャズ演奏家の無名時代のデモ盤（白盤）も含まれていて、山田さんが言うにはそれは「お宝もの」だそうだった。レコード以外に音楽や落語・民謡などのカセット・テープも集めた。

(4) 児童サービスについて

児童サービスについては、「つくる会」の要望や建設懇談会で児童の重視が語られていたのを考えて選書などには、地域文庫や読書サークルの人たちの協力をえた。また、新図書館の真ん前に横田さん（懇談会委員）の教会があり、そこでは「こひつじ文庫」を運営していた。したがって、文庫と図書館との棲み分けについても検討を重ねた。

(5) 青少年サービス

青少年については、特に中学生など放課後帰宅以外は行くところがなく、ゲームセンターにたむろす子どもがいるなど、健全な子どもたちの「たむろす」場所の必要性が懇談会でも議論され、青少年コーナーをつくることが提唱された。

それは、図書館の真ん中、児童コーナーの隣になり、そこに長いテーブルと丸椅子をおいて、気軽におしゃべりできる場所にした。周囲には、講談社のX文庫シリーズ、ローダン・シリーズなど、当時中学生や若者に人気のあった本をレコード、テープの隣にならべた。

4　児童コーナーと街頭返却ポスト

児童コーナーは、楽しい雰囲気が出るよう色彩についても配慮する。コーナーに児童が本を読めるように、円型ソファーと若干の机・いすを配置する。また、児童に読みきかせ・紙芝居等をするための読みきかせコーナーも設置する。貸出しカウンターは一般・児童とも共通とした。その他、移動図書館車の車庫・書庫（一〇〇㎡）、シャワー室、休憩室などが事務室に隣接して設けられた。園庭は樹木を多くし木陰での読書ができるように配慮した。そのためか、開館に向けて公園緑地課から多くの苗木が寄贈された。

街頭返却ポストは五か所、主に大泉学園駅前の道路（駅構内は有料ということだったので）、スーパーマーケット、バス停、体育施設など人が集まる所に設置した。

さらに、外から見て一目で図書館とわかるために、正面入口の六メートル四方の壁をガラス張りにして中に格子をつけて、そこに絵本や人気の図書を陳列して外から見て一目で図書館とわかるために、絵本や人気の図書を陳列して見えるようにした。

これは、仙台の子どもの絵本とコーヒーの店〝ぽらん〟の陳列棚にヒントを得て、大きくつくった。これは美観的にも図書館らしさが演出され好評だった。

円形の絵本・お話コーナー

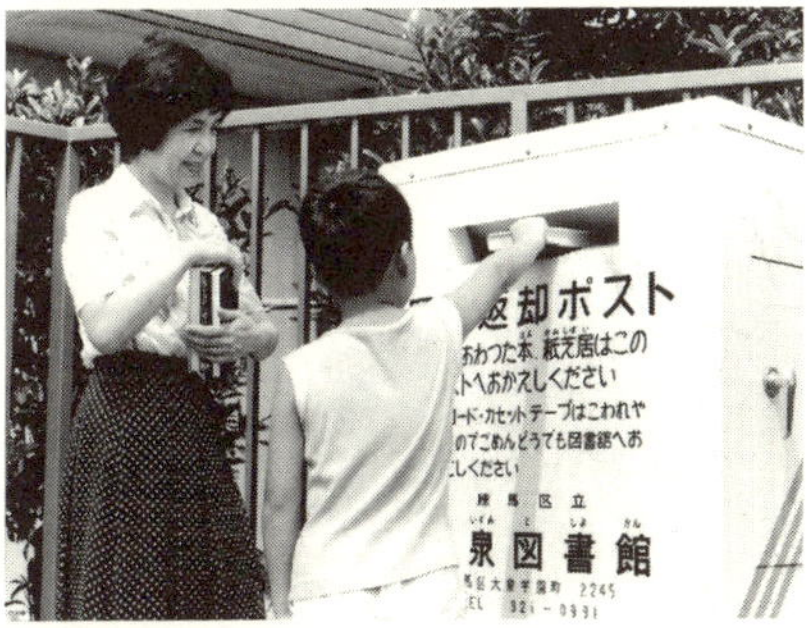

街頭返却ポスト

玄関の絵本陳列棚

5　書架および家具について

建設懇談会での討議をふまえて既設図書館や書店を訪ね、基本構想にのっとった機能的で使いやすいものを考えた。また、身体障がい者が車椅子で利用することも考慮し、高さ、書架間隔などに苦心した。書架作成の条件として、①利用者が見やすく取出しやすいこと、②地下書庫と一階貸出フロアーの距離を考慮して、図書の補充が容易にできること、③児童コーナーは子どもの読書のあり方、特に、将来のおとなを育てる場として考え、青少年コーナーは若者が気軽にしゃべり合えるような椅子とテーブルを用意した。さらに、④建物、庭などの景観を損わないものとする、などを挙げ、第一線で働いている経験豊かな他市区の図書館員および懇談会メンバーに集っていただき、イメージ、機能などについて意見をいただいた。ここには墨田区で図書館準備をしていた千葉治さん、多摩市立図書館長の伊藤峻さん、品川の野瀬里久子さんなど当時第一線の経験豊富な図書館員・館長が参加してくれた。また、全国の図書館を見て写真を撮っている漆原宏さんなどは図書館員とは違った視点でご意見をくださった。

平置きできる書架

設計図作成には懇談会の一員である芸大建築学科の丸谷博男氏、インテリアについては若山憲氏（絵本作家―懇談会メソバー）から助言をいただいた。これらの結果、第一原案が一九七九年一月、第二案が三月、発注設計図は六月上旬に完成し、日野市立中央図書館をはじめ、図書館家具には定評のある山口木工が製作した。書架の特徴は、本屋さんみたいな平置きができ低い位置に並べられる形で利用者の評判はよかった。書架の下には抽き出せるストック・ボックスを置き、貸し出された書棚の補充が容易にできるようにした。

6　高齢者・肢体不自由・視覚障がい者等へのサービスにむけて

高齢者・肢体不自由者・視覚障がい者のための施設・設備について最大限配慮した。

①肢体不自由者のために

- 書架間隔は車いすで通りぬけられ、車いすに座ったまま本が取れることを配慮する。
- 肢体不自由者用便所（一階）を設置する。
- 門から入口まで車いすで容易に通行できるよう考慮する。
- 一階から二階への階段の踏みしろを広くし、傾斜をゆるやかにする。
- 床材はすべらない材質とする。
- 車いすを配置する。

・エレベーターを設置する。

②視覚障がい者のために

・門から入口まで、また廊下、各施設に誘導のための設備を設置する。

・開閉戸については、安全性を考慮し引き違い戸にする。また、開き戸にする場合は、自動的にしまる装置とし、扉は室内に開閉するように配慮する。

・テープレコーダー、点字図書を購入し、貸出しを実施する。また、拡大読書器の配置。

・対面朗読室を必置する。

③高齢者のために

・階段等（肢体不自由者と同じ）

・拡大読書器の配置。

7　開館にむけて

(1)　広報・宣伝

開館にむけての宣伝は若山憲氏がイラストを一切受持ってくださり、目で見て楽し

若山憲さんによるポスター

いものをつくってくださった。チラシは二回にわけてつくり、一回目は開館二か月前に「図書館ができること」を、二回目は一か月前に「開館日と場所、運営内容」を記したものを、各々一万枚印刷し、職員と「つくる会」や地元の人たちの手で一軒一軒配った。開館お知らせポスターは約八〇〇枚、大泉地域の商店や住宅、町会、学校、等々にお願いし貼らしてもらった。

さらに、土木課に頼んで、「図書館あり、子供の飛び出し注意」の立て看板を二〇枚くらいつくってもらい、図書館の周囲の道路や交差点、などに配置した。

(2)　記録映画の作成とお話・朗読べんきょう会

「大泉図書館建設の記録」という八ミリ映画を作った。これは、空き地の建設予定地から開館式までの建設のプロセスを三〇分にまとめたもの

「飛び出し注意」の立看板

で、撮影、編集・録音ナレーション全て私一人で行った。音楽の選定は図書館のレコード担当の山田さんの助言をいただき、ナレーションについては大泉学園在住の劇団アンサンブルの主宰の人に指導をうけた。これは、ＤＶＤにして現在、大泉図書館に保管されている。

職員向けには、講師を招いて子どものお話講習会、視力障がい者に対する対面朗読のべんきょう会を行い、全員ができるよう訓練した。

(3)　貸出方式

貸出方式は平和台に倣って、回数券方式とした。これは、ブラウン式を進化させたもので、利用者は二〇枚綴りの回数券をもらう。新しい回数券ごとに利用者の登録番号がかわるが、複数の貸出が可能で、返却しても貸出券を貰わなくてすむので、返却ポストに返せる便利な方式だった。

回数券方式というのは、図書のブック・ポケットにはあらかじめ袋状のブックカードが入っていて、そのブック・カードにはその本の登録番号が印字されていた。利用者はカウンターに本を持ってきたとき、そのブックカードに自分の回数券を一枚ちぎって袋状のブックカードに挟んで差し出す。職員は返却票に返却日付を押印して、回数券が挟まったブックカードを受取

お店に貼ってある「開館案内」ポスター

り、返却日付ごとに本の登録番号順に排列した。したがって利用者は返却ポストに返すこともできたし、カウンターで貸出券を返してもらわなくてすむので待つこともなかった。返された本は、まず返却日付を確認してその中の本の登録番号をさがし目当ての本を見つけ、その本のブックカードに挟まっている回数券を破棄するというものだった。全て手作業だったがなれてくると瞬時に見つけることができた。したがって返却処理は利用者が少ない時をみはからって行われていた。

回数券方式は一九〇五年四月に福島県・会津図書館がはじめてで、三八年に東京の大橋図書館、四七年には東京市立図書館でおこなわれていた。練馬区の以前は七二年に大阪の枚方市でも行っていたし、その後、北海道の置戸町調査（図問研の図書館調査＝調査報告書『まちの図書館—北海道のある自治体の実践—』一九八一年　日図協刊参照）に行ったら、置戸の図書館が地域に合わせたやり方でこの方式を使っていた。これは、コンピュータの出現まで使われていた。

図書館での開館準備は大詰めにきていた。開館日は一九八〇年二月一日を予定していた。開館日前一週間から、職員は夜遅くまで居残り、図書の排列、貸出券の整理、登録の準備と追われた。開館前年の一九七九年に女性職員が四人結婚したため、遅くなると新夫が迎えにきたが、みな手伝わされた。

(4)　カウンターの後に絵を飾る

図書館のカウンターの後の壁に額に入れた地域の小学生の絵を飾った。これは、若山さんのアドバイスで、どこの図書館もカウンターの後は雑然としているが、利用者がカウンターに向かったときまず目に入る壁面を和やかな絵で飾ったらどうかと提案され、大泉の画商に頼んで一〇枚の大きな木肌の額とマットを購入し、絵は大泉地区の小学校の美術の先生にお願いして各学年から絵を選んでいただいたのを額に入れて飾った。

これは、評判を呼び、絵を選ばれた子の親や祖父母、親戚が図書館に足を運ぶことになった。絵の展示は一週間のローテーションで、学年をまわり、六週で学校を変えるという形で続けられていった。

8　開館式と開館まつり

(1)　開館式

開館式は前日の一月三一日におこなわれた。

区長・田畑健介、教育長・岩波三郎、教育委員長・寺沢和子、東京都公立図書館長協議会会長・奥野定通（都立中央図書館長）、大泉に地域図書館をつくる会事務局長・丸谷博男各氏の挨拶があり、それぞれが住民の力でできた図書館を褒め称えた。

(2) 開館まつり

開館日は二月一日、開館まつりは三日の日曜日に大泉に地域図書館をつくる会、地元町会と図書館が共催して行った。

開館まつり当日は、まず、大泉に昔から伝わる小榑《こぐれ》太鼓（大泉の旧村の一部、小榑村に伝わっていた伝統囃子）で開館を祝う打出しで始まった。

館内では一〇時と一時が読書室で「おはなし」会、視聴覚室では、人形劇が一〇時と一時、一一時から一二時まで地元東映動画の「白蛇伝」が上映され、二時からはヤング・ミニフェスティバルでフォークソングの演奏と参加者による合唱が行われるなど、盛り上がった。

このほか、展示は大泉に住んでいる絵本やアニメ作家の絵本原画、アニメ原画展、マンガ原画展が行われた。さらに近隣の幼稚園の幼児による絵画や小学生の書道展なども廊下を使って行われた。これらもり沢山の行事で終日延べ六〇〇〇の人でにぎわった。本の貸出しも一日から三日までの三日間で一万六〇〇〇冊も貸出された。

入館を待つ長蛇の列

当時はブラウン式回数券のため、閉館後その日に借り出されたカードがカウンターにうずたかく積み上げられ、それを登録番号順に排列する作業が連日深夜まで続いた。

9　開館の反響

(1)　盛況な利用

開館は、大泉地域の人にとっては待ちにまったものだった。連日、利用者が図書館に押しかけ、三月までの一日平均貸出点数は二五一七点でその内図書は二一四一冊で八五％だった。登録者は一般が五四・三％、児童が四五・七％で約半数が児童であった。そして平均登録率は二一・〇％と高く、その後時間の経過ごとに増えていった。

また、年齢別利用者は九歳が二一・二％、一〇歳が一四・〇％、一一歳が一七・五％で小学校高学年の利用者が全年齢者の五二・七％で半数以上を占めて

玄関前で遊ぶ子どもたち（漆原宏氏撮影）

おり、幼児七・六％、一七・一八歳が四％と一八歳未満の利用者が圧倒的に多かった。

これは、大泉図書館の方針が児童・青少年に力を置いたものであることが、実際の利用の面からも証明された。

さらに、利用者の二番目のピークは三〇代後半から四〇代前半にかけての四〇歳前後の利用が一六・三％と多かったが、高齢者（六〇代以上＝二・六％）の利用はまだまだ少なかった。

(2) 好評な移動図書館と保健所サービス

このような中でも、移動図書館は盛況で、それに参加していく新しく図書館に来たての職員もかなり熱心に取り組むことになっていった。

さらに、大泉地区に保健相談所ができたのをきっかけに、妊婦の定期検診の時に児童担当が絵本を持って保健相談所に出向き、子どもへの読書とお腹の子に絵本を読み聞かせをすることの効用を話したりした。これには、大泉ですずらん文庫をなさって、障がい児や幼児・児童への読書運動をやってこられた渡辺順子さんや私の同期だった保健所の保健婦さんのお力を借りて、保健所に文庫を開いてもらうなど、図書館を今まで知らない人たちにも広める運動をおこなっていった。絵本を配ることはしなかったが、貸出をとおした現在の「ブックスタート」の走りでもあった。

(3)「浜中文庫」の設立

大泉図書館準備室長、初代館長の浜中董弘氏が開館二日後の二月三日に逝去され、その遺族から最後の仕事に命をかけた故人の思いを図書館に託したいと、多額な寄付を頂いた。図書館と「つくる会」が相談して、当時はまだ区立図書館では珍しかった外国絵本のコーナーをつくることにして、約三〇〇〇点の外国絵本のコレクションをつくり、カウンター脇に「浜中文庫」コーナーを置いた。

それから、かなり時間が経った二〇一三年五月現在、この「浜中文庫」を読む会が行われていることが、主催者である南大泉に在住の方から、当時の経過を知りたいと問い合わせがあり、五月の中旬に会の方達とお話の会を持った。

これをはじめたきっかけは、この図書館に今は絶版になっているような外国絵本があることに驚きこの本を読む会を始めたとのことだった。そしてこの発足の契機を知りたいということであった。

現在の浜中文庫

(4) 開館三か月後、内部の状況

開館三か月、職員も四月の異動で若干いれかわり、開館準備当初の熱も結束力もさめていった。二月三日に他界した館長に代わってきた新館長は管理畑を長く歩いてきた切れ者の庶務経験者だった。したがって、前館長の浜中さんの意志とは全く違った運営が行われていった。また、主査も信望が厚かった人に替わって、私が国民年金にいるとき採用された人で私が最初から仕事を教えた人が来た。

これら上司たちの入れ代わりによって、大泉図書館のサービスは、準備時代の夢を大きく変えていった。職員たちも自分かわいさから上司にはたてつかず、自分の狭い仕事の範囲に閉じこもっていった。

①「街頭返却ポスト」問題　その始めが、五月の館長会（四館連絡会）の席上からはじまった。石神井図書館の事業係長が、大泉図書館が最初にはじめた「街頭返却ポスト」設置に対して、「大泉が余計なことをやってくれたから、ウチの方にもポストを設置しろという要求がきている」。というのに対して、大泉の新館長は、「あれは上からの命令でやったことでウチは別にやりたくなかった」というようなことを席上で述べたので、大泉の職員たちは唖然とした。

②集会施設利用の厳格化　集会室利用者に対して、「利用時間がきても使用者代表と全員が揃うまでは、部屋の鍵を開けてはならない」、「使用中はものを食べたりしてはいけない。食事はもちろん、お菓子も一切駄目」、「終わりの時間は部屋を片付けて全員が出ることはもちろん、時間内に終わったことを連絡させること」。「午前から午後を続けて使用する場合でも、昼休みは鍵をかけて荷物

をもって全員出てもらう」などとの指導が入り、住民や利用者と問題が起きてきた。

③絵本の会への職員参加　毎月、定例で大泉絵本の会が集会室を使って、勉強会をやっていた。これは、若山憲さんが中心になって、いろんな絵本についての読み比べや、絵の比較などを合評する会で、とても絵本の勉強になった。会からは児童担当者に声をかけたが全く出たがらない。会の責任者が館長に職員の出席を呼びかけたら、「休暇をとって出るならいい。いろいろな研究会に勤務中出られたら業務に支障がある。」と言って断った。職員はこれさいわいと出て行かなかった。

④お話ボランティアの拒否　大泉には、地域文庫が一二か所ある。文庫のお母さんたちが「職員の人たちだけでは大変でしょう！」、「お話会や子どもの本の相談のお手伝いをやらせてほしい」という申し出に、それは図書館の責任だからと断ってしまった。

⑤「つくる会」との話し合い　大泉に地域図書館をつくる会から、職員との懇談会が申し出されたが、全くそれに応える姿勢がなかった。

⑥職場での話し合い　準備段階では職員同士十分に議論して、ずいぶん深い討議ができ、職員の意志の疎通もなめらかだった。また、住民等とも話し合いをしながら業務を進めてきた。しかし、四月に異動できた職員をふくめ、練馬や石神井から来た職員の声におされて、準備室での雰囲気は全く壊され、館長や主査もそれに乗ってしまい、話し合いが一方的になってつまらなくなっていった。

⑦図書館から出たい　ある職員は、「私は図書館に希望してきたわけではない」と言って、一八人中一一人が図書館以外の職場に異動希望を出していた。また、司書とそれ以外の職員との反目もかなり出てきた。

⑧児童フロアー担当　開館後、二・三か月は、子ども達のお話や相談相手として、児童コーナーに児童担当がいたが、仕事が忙しいという理由で、担当者が勝手にやめてしまった。児童図書館研究会の見学会で品川の菊池直子さんから、カウンターで全く子どもとの会話がない。冷たい感じの図書館との酷評をいただいた。

⑨文庫にもどっていった子どもたち　図書館の真ん前に、図書館ができるかなり前から子ども文庫「こひつじ文庫」があった。ここの主宰者は大泉教会の横田さんで、建設懇談会のメンバーのお一人だった。横田さんの話では、「図書館が開館直後は、子どもたちは図書館に行っていたが、最近、文庫にもどってきている。」ということだった。

そこの子どもの話で、「図書館には本を貸してくれるお姉さんはいるが、お話をきいてくれるお姉さんはいない」と言っていたということだった。子どもたちは、正直にもとの文庫にもどっていった。

図書館は館長、副館長（主査）などの考えに左右されがちであると同時に、職員集団の図書館に対する考えやまとまりが固まっていなかった。このような、図書館内の空気の変化にもめげず、準備室時代からの職員は黙々と仕事を進めていった。

まとめに

西大泉住民による請願提出から六年四か月、地元に祝福されて大泉図書館は開館した。設計から開館まつりまで、すべて住民の叡智と力に支えられて誕生した。この間、住民のさまざまな企画や提言もときには行政の壁に何度も立ち止まったり、後退したこともあった。しかし、ねばり強い話し合いを通じて、それらの障害をひとつひとつのりこえてきた。

この尊い経験を運営に生かすことが図書館員に課せられた義務といえよう。公共図書館は「住民の学習権を保障する」機関である。このことは、「あらゆる資料を公開」し「読書の自由」を守ること、それが民主主義の基本といえよう。住民が自らの考えを育て、その考えで行動できてこそ、はじめて自由を手にすることができる。

それは、区が責任を持って区民に対して図書館サービスを保障するものでなくてはならない。昨今、委託や指定管理者制度がまかり通っているが、この大泉図書館建設の経過でもわかるように、委託や指定管理ではこのような細かい準備はできないであろう。

それが、図書館員に課された責任でもあり、それを支える住民を育て上げていくために今後も全力をあげて努力しなければならない。

開館後三か月から一年にかけて、一時館内はぎくしゃくしたが、年度が替わって全体が落ち着いてきた。

この年、前年結婚した女性職員四人が妊娠した。母体保護の時差出退勤各自一日二時間分、都合八時間になるので、人事課と交渉して正規職員一人を増配してもらった。当時はまだこのようなことができた時代だった。

思えば、いまから三五年前のこの住民を信頼し支えられた開館事業は、その後の私の図書館人生に大きな自信と励みを与えてくれた

最後に、準備室長として、初代館長として二年間大泉図書館の準備をしてきた浜中氏が、開館まつりの盛況さを見とどけるように二月三日他界された。ここにつつしんで哀悼の意を捧げるものである。

参考資料

1　『大泉図書館開館記念パンフレット』練馬区教育委員会・社会教育課　一九八〇年一月三日
2　講演レジュメ／大澤正雄『東京・練馬区大泉図書館づくり運動について』大泉図書館準備室　一九七九年八月
3　柏悦子「ルポルタージュ・練馬区立大泉図書館が開館するまで」『みんなの図書館』一九八〇年四月（第三五号）四七頁
4　丸谷博男「点から面へ──迷いつつも成長していく住民運動──」（特集・図書館づくりの実践の中から）『図書館雑誌』一九七八年七月号七二巻七号、三一－三頁

第3章　朝霞市の図書館をつくる

1　新天地にむけて

一九八五（昭和六〇）年秋に、図書館計画施設研究所の菅原峻さんから連絡があり、隣の朝霞市で図書館長を探しているが行ってみないかとの誘いがあった。その後、国立国会図書館の稲村徹元氏からも、埼玉県朝霞市の資料が送られてきて、ぜひ、朝霞に行って欲しい旨のお手紙をいただいた。

これはずいぶん後になって菅原峻さんの弟の勳さんから聞いた話だったが、兄から勳さんに誰か朝霞市に図書館長として相応しい人はいないかと聞かれ、千葉さんと相談したら、今、図書館を出されている大澤がいいのではないかということで兄・峻さんに推薦したとの話をきいた。

稲村さんは、浦和市に住んでいることもあって、最初の館長候補として朝霞市の教育長からオファーがかかったが待遇の面で折り合いがつかず、また、地域図書館での経験者がいいということで私になったとのことだった。

(1) 練馬から朝霞市へ

菅原さん、稲村さんのお誘いから、年が変り一月に入って練馬区を退職することを決め、福祉部長、児童課長にその旨を告げた。

練馬区では一九六二年以来一二年間図書館で働き、その間、図書館の同僚や練馬文庫連の皆さんにずいぶんとお世話になり、育てていただいたが生涯図書館で働きたいという希望が捨てきれず、このまま練馬にいても図書館に戻れるかわからず、かりに、戻れたとしてもまた一般行政の仕事に戻され、専門職としての腕を発揮することは無理だろうと思った。したがって、長い目でみて、将来の自分のためにも、おこがましい言い方だが図書館発展のためにも練馬を出た方が良いと思った。

私を一人前に育ててくれた江古田ひまわり文庫の阿部雪枝さんは前年（八四年）九月に他界され、その阿部さんの遺志を継いで、練馬の文庫活動も関日奈子さんに引き継がれ運営されていった。私はそれを見届けて安心して練馬を後にすることができた。

朝霞市のことはまったくわからず、稲村さんや菅原さんから送られてきた資料で朝霞市の行財政を勉強せざるを得なかった。

(2) 朝霞市に赴任して

一九八六（昭和六一）年四月一日、朝霞市役所で辞令発令式があり、その後教育委員会で教育委員会職員の辞令交付式があった。

課長の発令は、総務課長、体育課長、図書館長の三人だった。総務課長は企画財政課の財政係長からの教育委員会への出向で、体育課長は教育委員会内の異動だった。したがって、私だけが新たに採用された新任課長だった。

朝霞市の教育委員会の管理職は、教育長、教育次長、総務課長、学校教育課長、社会教育課長、中央公民館長、体育館長兼任の体育課長、それに図書館長の八人だった。

教育長はなかなかの切れ者で、私が赴任した当時は五八歳だった。この人は小学校教諭から浦和の教育事務所にいて、四五歳で現朝霞市長に嘱望されて教育長になったということだった。したがって市長とは長い付き合いで（朝霞市長は八六年当時五期一九年目だった。＝一九六七年〜一九八九年）朝霞市の教育については万全の信頼を得ていた。規律にうるさく、国語の教師だったそうで言葉遣いも口やかましかった。しかし、考え方は公平で意を尽くした説明はよくきいてくれた。さらに、読書家で図書館には理解があって、私が行く前からも小さな図書館をしばしば利用していたという。

一九八六（昭和六一）年四月、従来の職員三人に加え私を含めて四人が新規採用（うち三人司書）され都合七人となった。今までの館長吉岡雅子さんは館長補佐となり、私が館長となった。吉岡さんと初めてあったとき、いままでいろいろな館長とつき合ってきたが、「図書館の話を本当にできる館長」がきてよかったと述べていたのが印象的だった。

2　朝霞市の図書館

(1)　図書館の変遷

朝霞市の図書館は一九六三（昭和三八）年一二月朝霞町公民館図書室を使用して開館し、埼玉県立図書館朝霞分館併設ということではじまった。

当時、職員として勤務しておられた金子幸男さん（一九六四年～六八年）は当時を振り返ってつぎのように述べている。

「昭和三十八年図書館が開設されて二十数年、公民館の併設館として朝霞の文化を支えてきました。ここに開設当時の図書館を回顧してみたいと思います。

公民館の会議室で生声あげ、蔵書数二五〇冊で職員は公民館兼務です。一日の利用者は近所の子供達で、一日五人位でした。その後、プレハブ二階建てが建設され、一階が図書館、二階が文化財展示室で図書購入費が一〇万円で、数年後三〇万円となりました。当時の図書一冊平均価格が八〇〇円（百科辞典など含む）位であったと思います。

図書館ＰＲには市内各商店の店頭やスーパーや電柱などに案内書をはり、各学校に児童図書案内を送り、子供達には映画会、紙芝居、大人の方にはレコードコンサートを定期的に開催しました。蔵書が少ないために市民に寄贈をよびかけ、数千冊の寄附をいただき、又、蔵書数の増冊にともない、利用者も増加してきました。

読書グループの育成にも力を入れ、読売ブッククラブに加入、市役所内、米軍基地内、各企業、婦人会等に約二〇グループが育ちました。図書館を利用出来ない地域のために県立移動図書館「むさしの号」を市内三ケ所に配車、大変喜んでいただきました。又、市内十五ケ所位図書配本所を婦人会長・町内会長宅やお寺、各企業内に設置し月一回セットにした図書を自転車で配本した思い出が印象に残っております。（後略）」[1]

朝霞市は面積一七・七八平方粁米、人口九万五五一〇人（一九八七年四月一日現在）、八七年度一般会計予算一五九億五四〇〇万円（教育費

プレハブ２階建ての図書館

二二億七〇〇〇万円）だった。

一九八五年当時、図書館は南朝霞公民館（以前は中央公民館）の中にあり、職員は、館長の吉岡雅子さん、石原律子さん、石川麻子さんの三人だった。館長の吉岡さんは一九七〇（昭和四五）年朝霞市に就職し、それ以来ずうっと図書館勤務を続けていたベテラン職員だった。

一九六五（昭和四〇）年、朝霞市立図書館はプレハブの二階立て（一三二㎡）に移り一応独立した建物になったが、流しもトイレも中央公民館を借り、図書館職員は金子さんと久保典子さんの二人で、館長は中央公民館長の兼務だった。

一九七六（昭和五一）年プレハブ図書館は取り壊され、中央公民館が改築されて大きくなり、図書館はその一隅を借りて一九七七（昭和五二）年八月に新規開館した。しかし、公民館が文部省の補助金で建てられたため、条例上この場所では図書館を名乗れず図書館の住所は条例上北朝霞公民館に移されたが一応図書館条例は残された。

当時、図書館職員として働いていた冨岡正孝さんが「中小レポート」と歩んできた当時の朝霞市立図書館の状況を『みんなの図書館』に投稿している。


「私の働いている朝霞市立図書館は今年の十一月に十五周年を迎えます。開館したのは昭和三八年ですから、中小レポートとともに歩んできたといえます。私は入職九年、もう一人の女性は八年と、悩み苦しみ、話し合い、考えながら、貸出しを中心に四つの行事（紙芝居、映画会、読書会二つ）をこなし、若干の図書費アップをしてきました。

貸出しをのばし、市民の要求に応えることは容易なことではありませんが、昨年、中央公民館の新築にともないその中の図書室に入ることになり、私達の要望に即したスペースを確保し、図書費も市立図書館としては満足できるものになりました。（七六年度図書費一五〇万円、七七年度は五〇〇万円）やはり、利用者が増え、行政は受け入れざるを得なくなり図書費アップにつながったのではないかと思います。」[2]

その後、公民館建設はつづき、一九八四（昭和五九）年の新中央公民館がつくられるに至って全部で六館の公民館が市内全域に配置されていった。新中央公民館が開館したため今まで図書館が入っていた中央公民館は南朝霞公民館と改名された。

読み聞かせをする冨岡さん

(2)　公民館と共同の図書館運営

各地に配置された公民館六館にはすべて図書室が設置された。最初にできた北朝霞公民館は四七㎡と最も小さく、他の図書室はみな九〇〜一〇〇㎡の規模で、公民館は市民からの要望で多目的機能を有していた。したがって、料理教室や手芸はもちろんのこと、舞踊・ダンス、音楽演奏会、陶芸の窯まで用意された公民館もあった。

以下、当時の館長吉岡雅子さんの手記を紹介する（表現は若干筆者が手直しした）。

「各公民館図書室の図書は、図書館費によって購入されていた。貸出し等の奉仕業務は公民館職員が行った。この二点は、最初の北朝霞公民館図書室ができたときの運営方針で、この方針はその後の公民館図書室でも踏襲されるところとなった。この運営を成功させるためには、図書館職員と公民館職員の関係が密でなければならなかった。

当初まだ図書館に余裕のある頃は、図書館員がしばしば公民館へ出かけた。一九八〇年頃から、図書館と公民館の職員の学習会や、連絡会を兼ねた「図書担当者会議」が年十回ほどもたれるようになった。

最初は購入図書の選定を図書館員がしていたが、二人ないし三人の職員では次々できる図書室の面倒をみきれるものではなく、市民と直接対応する公民館職員に図書の選定をまかせることになっていった。司書の仕事をするわけなので、そのための学習として、県公共図書館協議会主催の新任職員研修会や児童奉仕研修会にも出席してもらった。

図書館の仕事がわかってくると、「司書」の資格をとりたいという公民館職員もあらわれてきた。（三人取得、その後図書館へ異動してきている。）

一九八五年、市は市民の声に押され、ようやく図書館建設へと重い腰を上げた。五月に図書館建設審議会を設置、八月に図書館の基本構想の答申を得、九月には図書館設計者を特命で決定（和《やまと》設計事務所）、すぐに基本設計にかかり、翌三月には実施設計を完成させるというスピードぶりだった。

この年（八五年）、図書館員は女ばかり三人、係長館長の私吉岡は南朝霞公民館長と兼務、他の二人（石原、石川）は図書館に入ってまだ、二年という状態だった。

前年度図書館主催の講座でお世話になった菅原峻（図書館計画施設研究所長）さんに様々にお力をお借りしつつ、なおその上に職員の幅の広い見方・考え方が欲しかった。ひとつには、市民に「図書館を考える会」があるならば、職員にもそういう会があっていいのではないかという思いともうひとつに、いままでの朝霞の施設は職員が知らないところでことが運びすぎた、それをもっとオープンのものにしたいという思い。このふたつの思いから、私は私的な図書館研究サークルの発足を図書館および公民館職員に呼びかけ、かなりの職員の賛同を得たのちにこの会は「クローバ」と名付けられ、六〇年三月から六一年三月まで、定例会・緊急会あわせて二一回ほど開かれたのだった。当初は私の作成した基本構想案を皆にみてもらい、意見を述べてもらった。のちに、建設の図面が出てくる段階では、その図面を必ず皆の前で広げて、忌憚のない意見を云ってもらった。設計者や市の建設課の人の前で、私がはっきりと図面に対して意見が述べられたのは、こうした職員たちの支えがあったからである。

このように朝霞市の図書館は、歴史の上からも建設時においても公民館に負うところが実に多かった。

いまようやく独立図書館が建設され、職員態勢も専任の館長以下一五人（うち五人は臨時職員ながら）と整った。ようやく公民館と対等になったとはいえ、公民館図書室の運営が継続する限り、公民館との連携は今後ますます強まるものと思われる。」[3]

3　朝霞市の図書館づくり運動

就任した翌月の五月、市民団体「朝霞市図書館を考える会」（以下「図書館を考える会」）と「朝霞市図書館を学ぶ会」（以下「図書館を学ぶ会」）のメンバーと会談した。そこでは、今までの朝霞市での図書館づくり運動の話や学習会、各地先進地区の図書館見学の話など、また、私からは朝霞市に新しくできる本格的な図書館の構想や運営に関する話などをした。メンバーの中には、練馬区で住民運動をやっていた人がいた。

朝霞市の図書館づくり運動は、一九七四（昭和四九）年にはじまる。同年一二月井上迪子氏他一三二八名の請願書が市議会に提出されたのが発端だった。請願の内容は、①図書費増額、②図書館建設、③移動図書館バスの運行の三点だった。

しかし、議会で採択されたが、その後長い間放置されていた。当時、市長は「新しい図書館なんて必要ない」という考えがあったという。

それから、しばらくは運動がおきなかったが公民館での市民の各種活動や他県他市から移り住んできた住民の図書館に対する熱望や、県内近隣市の図書館新設に刺激されて改めて運動が盛り上がってきた。

当時の一市民の投書を紹介しよう。

「二年続けて男の子を産んで、自由に出かけられなくなった私にとって、図書館は大きな慰めでした。その頃、住んでいた練馬区には素敵な図書館がありました。各種の雑誌が気楽に読める明るいロビー、子供達が自由に楽しみながら読書できるコーナー、専門書からミステリーまでそろっている書棚、そしてなによりも有難かったのは、小さな子供が少々騒いでも周囲の迷惑にならない広さと緑の植え込みに囲まれた、ガラス張りの明るさでした。〈中略〉朝霞市に移り住んで、素敵な図書館のない街は、香りの無いコーヒーのようなものと思っているこの頃です。（竹井侑子）」[4]

一九八二（昭和五七）年一〇月四日「私達の町にも図書館が欲しい。朝霞市にふさわしい図書館像を、みんなで考えよう」と図書館建設を目標とする市民団体「朝霞市図書館を考える会＝代表野本道子」が発足した。同年一二月、教育長に面会「公民館図書室についての要望書」を提出した。

以下、朝霞市図書館を学ぶ会の後藤美智子さんの報告の一部を紹介しよう。

「この（「考える会」）母体となったものは、公民館主催の〝豊かに生きるために、女の人生を考えよう〟という婦人教室を通して、知り合った仲間達である。十年来、主体的に読書会を開いてきた者。

こどもの本に魅せられて、絵本のよみ聞かせをやってきた者など、以前から、図書館に関心を持ち、頻繁に足を運び、熱心な図書館職員とも、すでに顔なじみになっていた者が集まった。

〝図書館って何？〟という問いかけから始まった学習会や見学会を中心に、会を進めていくことになった。

当時の朝霞市では、基地跡地利用が進められており、すでに野球場、体育館などスポーツ施設は、ほぼ出来上がっていた。文化施設は公民館の六館体制が進行中であった。

私達は市の図書館の歴史と現状を学習した。昭和三十八年に設置条例はできていたが、図書館の存在はなく、一五〇㎡の公民館図書室の一つが、その代行をしていたこと。図書年間購入費六六五万円。蔵書五万冊、職員三・五人という状態であったこと。また、昭和五十年すでに市立図書館の早期建設の請願が採択されていたが、長い間放置されたままだったこと、そして更に、基地跡地の三五〇〇㎡の保育園用地が不用になっていたことなどを知った。

さっそく行動開始。種々の要望書やアンケートの結果、「考える会ニュース」、見学会のみやげ話などを持参して、教育長及び社会教育課へたびたび足を運んだ。と同時に市議会の文教委員の方々にも、それらを郵送していた。

そんな折、昭和五十八年三月議会で、公民館の図書館への改造方針がだされたのである。そこで私達は大きな岐路に立たされ、真剣に討議を重ね、独立図書館を作って欲しいという要望は、あくまでも持ち続けつつ、市が打ちだした改造計画にも参加していくことをみんなで確認しあった。

そして、市立図書館の新設の要望と、改造については、専門家の意見をよく聞いて、予算の有効利用を望み、市民参加による会を持って進めて欲しい旨を市長に陳情した。その結果。故本田明氏*を専門家にお迎えして「公民館の図書館への改造をはなしあう会」が五回開かれ、私達の代表二人が加わった。専門家のこまかい分析と解説は、さすが説得力があり、効果満点であった。

さっそく次回の九月議会では、改造をとりやめ、独立図書館の建設を市長が約束したのである。なんと発会から一年後である。〃ウワァーうれしい〃市議会の傍聴席で、私達は踊り上がらんばかりの感激を味わった。

*本多明＝図書館に理解のある建築設計者で浦和市の図書館協議会委員だったが一九八八年逝去。

建設が約束されたからには、いよいよわが町にふさわしい図書館像を、具体的に考えてまとめる段階にきた。それには、もっと多くの市民に関心を持ってもらいたいという、私達の願いがかなって、「図書館を学ぶ講座」が図書館主催で、六回開催された。私達を含めて、講座終了後、市民の輪を拡げるために、〃図書館を学ぶ会〃を昭和六十年一月に発足させた。またその折、文教委員のある議員が大変熱心に学ばれ、その後も専門家の意見をよく聞いて、議会でよい質問を重ねてくれ、何かと私達の力にもなってくれた。同じ頃、市の第三次中期計画では、昭和六十三年に建設予定だったものが、二転、三転して急きょ、六十一年早期建設に変更された。早かろう、悪かろうでは困ったことになる。もっとじっくり時間をかけて進めて欲しい、と強く願ったわけだが、市は着々と準備を進めていく。

やむをえず、またまた木枯しの吹く二月の町中を、種々の要望を持って、行政と文教委員の所へと走りまわることになった。

・機能、規模、サービス網、職員態勢などをふまえて、充分な時間をかけて、しっかりした基本計画を策定して欲しい。

・そのためには、専門家及び市民の参加する、図書館建設審議会の設置を望む。

・図書館専門の建築家による設計を依頼してほしい。

・図書館館長と職員態勢を早急に整えてほしいなど。

そして、昭和六十年五月～八月の間に七回の建設審議会が開かれ、私達の仲間から二人が参加した。審議会は短期間であったが、それなりに内容は濃いものだったように思う。

まず第一に、市はじまって以来の画期的なことだと思うが、専門家菅原峻氏に参加していただいたことが、最大最強の効果をもたらした。第二に、図書館職員が作成した基本構想案が、ほぼ完璧であったこと。それは、職員間の図書館研

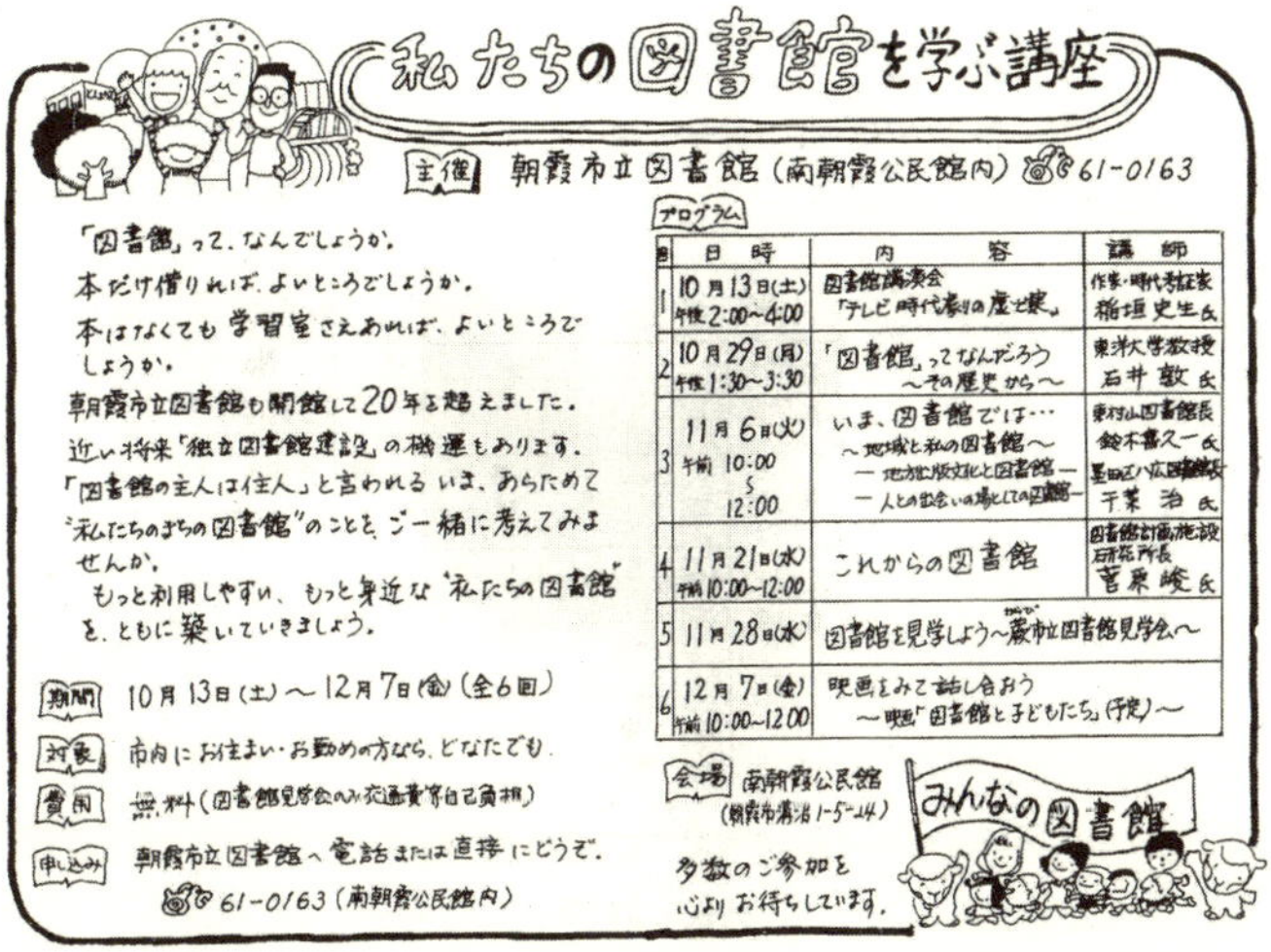

学ぶ講座のチラシ

究会も発足し、時間外に熱心に取りくんでいた成果だったと思う。第三に、市長が図書館見学会に参加したこと。第四に、委員全員が大変熱心に関わったこと。

そして、最後に、審議会の答申を受けた行政側も、前向きに対処してくれ、和設計に決定し、練馬から大澤正雄館長を招き、職員数も増員し、七人で（開館時には臨職五人を含む十五人）新館準備に入ったことになる。[5]」

4　朝霞市に新図書館ができた理由《わけ》

東武東上線朝霞駅と市役所に近い市の一等地には、いわゆる基地跡地といわれる広大な土地があり、それがようやくアメリカから日本へ返還が開始された。それを朝霞市が国から買い取って市の施設を建設しはじめたのであった。

朝霞市立図書館ができた理由について吉岡雅子さんは次のように分析している。

「朝霞市は一九六七年市制がしかれ、首長の座は同一市長が五期その座を占めて、とかくワンマンの声もきかれたほど行政指導力は大きかった。

ご多分にもれず東京のベッド・タウンということで人口増加は著しく、一時は小・中学校の建設に追われていたのだが一九七五年以降は落ち着いてきて、その分、社会教育の方へ目がむけられてきた。

しかし、図書館建設という声は全く出ず、一九八五年までの一〇年間に建設されたのは公民館六（うち一館は改築）、武道館、体育館、野球場といった施設であった。

当時の市長の頭にはほとんど図書館という想念はなかった。朝霞市に、それがなぜ比較的ゆとりのある図書館が建てられたのか。その理由は大きく二つある。一つは、なんといってもまず土地があったこと。基地跡地に保育園を予定して三五〇〇㎡の土地があったのを市民の提案によって、子ども数の減少を大きな理由に、図書館建設へと転換させたのである。二つめの理由は、実は土地よりもこちらの方が重要なのであるが、人と人とのつながりが非常にスムーズにつながっていって、大きなうねりのようなものになっていったことだった。

具体的には主として、市民が独立した図書館建設を願ってつくったグループ「図書館を考える会」の主要メンバーが、図書館職員と良い関係にあったこと。両者は意志の疎通をはかることができたので、市民は外側から、図書館職員は内側から少しづつ、行政の関心を図書館の方へ向けることができた。

さらに当時の教育長が読書家であり、常に図書館（公民館の一室に小規模の図書館があった）に足を運んでくれていたので、図書館職員と気軽に話せる関係であったこと。その教育長は実績を重ね、すでに教育長として十年のキャリアを積んでいたので市長の信任も厚く、かつ、助役とも親交が深かったこと。

市民を代表する議員たちが図書館に関心をもちはじめていたが、とりわけ熱心な女性議員がいて常に図書館にきて話合いをしてくれたこと。（後日この議員が建設審議会に図書館の専門家を入れるように主張してくれた）図書館建設が確定的になったとき図書館・公民館職員による図書館研究会を発足させることができたこと。これらが大きな要因だった。

当時の教育長は、図書館建設について以下のように述べている。

「昭和五十年代、朝霞市でも市民の要望により、公民館は逐次開館されたが、図書館に目を向けたのは遅かった。曲りなりにも図書館と名うったものはあったし、公民館の図書室がまあまあの働きをしていたからである。その上市行政内での認識が薄かったこと等の理由もあった。

私個人としても市全般の予算及び土地取得、市長のことを知っていることもあって消極的であったが、そんな状況の中昭和五十七年度に市民の中から「図書館を考える会」が発足し、図書館建設運動が起こったのである。議員の中にも賛成者が出て来て、何人かで市長に図書館建設を促し始めたことから機運の熟したことを察した私は、「図書館は地域文化のバロメーターである。市長ぜひ」と助役の応援を得て図書館建設を具申した。

私も教育長就任以来十年を経過し市長から信頼されて来ていた。そこで、側面からと思い、教育委員・文教委員（議会）の視察研修に図書館建設の先進都市を選び、市長に迫ってもらったのである。

議会でも度々質問が出され、傍聴者の多い日を狙って最終は市長の考え一つというところまで持っていった。たまたま基地跡地内の保育園建設予定がなくなり、そこがということになり、いよいよ市長決定となったのである。

図書館建設審議会にもいろいろとクレームがついたが、肩書きのついた素人は自分を出しすぎるし、市当局は専門家をきらう。しかしそれを押しきって、専門家の意見をいれての答申を提出してもらったのである。私も審議会には毎回出席していたので、経過はわかっているので市長への説明、具申は恐れずに出来たのである。

朝霞市長は男らしい人。わかったらぐちぐち言わない。平屋式の図書館（大蔵省や関東財務局の反対があった）、建設審議会答申の基本構想に出来るだけ沿って計画すること、館長には外部から専門家（市内には居ない）を、職員は十五名の約束をもらって勇躍建設事業に突入したのである。

館長人選には大いに苦労した。国立国会図書館までしばしば出掛けた。帯に短かしのごとくであったが、天の助けか、大澤正雄氏が市長の眼鏡にかなったのである。

設計業者、建設業者にも人を得、昭和六十二年（一九八七）朝霞市立図書館がめでたくオープンしたのである。[6]」

これらをまとめたのは、特に吉岡館長をはじめとする図書館職員や公民館職員の一致した図書館運営と住民との協力共同の関係が、市長をはじめとする理事者を動かすことに成功したといえる。

5　開館への準備始動

一九八六（昭和六一）年四月一日、朝霞市の図書館員として新しい人生が始まった。前述のごとく、菅原さんの紹介で朝霞市に赴任した私にとって、はじめて他市での図書館づくりへの挑戦であった。

幸い、就任当初は教育長、市長、吉岡さんはじめ図書館員も私に対して好意的だった。それは、今、振り返ってみるとよそ者のお手並み拝見と言うことだったのかもしれない。

私が朝霞市に就任した四月、吉岡さんから前年度末に市長の後援者である地元業者から蔵書の一部にしてほしいと図書館へ数百万円の寄付があった。それで、館長がまだ決まってないので、とりあえずその金額分を参考図書にあてて、図書館流通センター（ＴＲＣ）に発注をしたとのことだった。

その後、六月に入って発注した参考図書が納入された。中を見ると揃い本の中が欠けていたり、朝霞には必要ない本など、明らかに在庫整理と思われる本がそれもバラで入っていたりした。これを見て私はＴＲＣに対する信頼を一気になくしてしまった。

(1)　人員確保と予算の獲得

①人員確保に努力　大事なのは人員確保である。図書館運営の成功の正否は人による。それも、司書資格をもちできれば経験者がほしい。しかし、当時の朝霞では経験者は三人、後は新規で採用するか市行政部局からの異動にたよらざるをえない。

配属される職員の質もそうだが、何より人数が何人とれるかが先決であった。

前出の吉岡雅子さんは人員確保について当時の努力を次ぎように述べている。

「埼玉県内の某市図書館長が「『言っては悪いが、よく〝朝霞〟でこれだけのものをつくったね』と面と向かって言われたことがある。そういう評価を受けている朝霞市なのである。まして人の面では厳しく押さえに押さえられてきている。市の方針として職員の給料は安く職員数はすくなく、を長い間のモットーにしてきている（職員組合はない）。[7]」

このような朝霞市である。図書館の隣にある中央公民館・コミュニティセンター（四〇〇〇㎡）は八人、総合体育館は武道館、野球場、プールを管轄下において七人である。新しい図書館はこれらの施設より面積は小さく二七〇〇㎡である。この状況の中で、吉岡さんはさらに次のように述べている。

「こういう厳しい市の状況を熟知していただけに、職員問題は建設問題に匹敵するくらい困難な問題として私は認識していた。

忘れもしない一九八五年七月のこと。教育次長より職員増員要求の用紙を渡されて、来るときが来たと緊張したのだった。他館の優良図書館の開館年度、開館前年度などの資料を見ると、どこも周到にもう前々年度頃からきちんと職員を配置し、開館準備にあたってきている。朗霞市も一九八七年度開館を目標にしているから、来年一九八六年度にはある程度の職員がほしい。最低五人は増員して、いま二・五人だから少くとも七人にはしたい。館長がいまだにどうなるのかはっきりしないが、とにかくきちんとした司書有資格の課長級の館長にきてほしい、内心そう思っていた。

私がちらっと、職員は五人くらい増員してほしいと教育長に言うと「あんまり要求したって無理だよ」とやんわり否定されてしまった。ともあれ資料をそえて増員要求の書類を出さねばならない。どういう資料を作れば最も説得力をもって教育長の心を動かすことができるのだろうか。そればかりをとつおいつ考えあぐねた。

ちょうどこの頃、私はこの年六月に発行されたばかりの一冊の本を読みはじめていた。千葉県浦安市立図書館長竹内紀吉氏の書かれた『図書館の街　浦安』（未来社刊）である。読みすすむほどに身内に興奮の走るのを覚えた。これしかない。私が稚拙な百の資料を作るよりもこの一冊の本の方がどれだけ教育長を動かしてくれることだろう！

その頃すでに浦安市の図書館活動は全国に名をひびかせていた。図書館建設の波に乗りだした朝霞にあっても、教育長が教育委員の視察地として水街道の図書館と浦安の図書館を選び、視察をしてきたのはこの三月だった。とりわけ教育長は浦安市立図書館に好印象を抱いたようで、帰ってから職員への訓示の中にもこの図書館の話が出たほどだ。（中略）

職員問題を考えたとき、私は並木教育長の理想に燃える心意気に賭けようと思った。『図書館の街浦安』を読んで下されば必ずやことの重要さを理解してくれるだろうと思った。一応は他館の開館前後の職員数とか、これからこなしていかねばならない仕事などを書いた資料を用意しつつ、私は教育長に、面会を求めた。そして資料の説明よりもむしろ本を差しだしてぜひ読んで下さるようにと頼んだ。最初は「もう浦安はこの目で見てきたからいいよ」と本までは不要という教育長もとうとう「じゃあ読んでみようか」と折れてくれたのだった。

一方職員増員要求の書類も『無理かも知れませんがせめて教育長さんまでにはこの数字を出させて下さい』となかば強引に「五人」と書いて提出した。実際、あの一冊の書物が教育長の弱気な心を変えたのだと思う。教育長も長年にわたる市長の「職員数抑制」の方針に、その殻を破れず苦しんだことも多々あったと思われる。あの本によって職員の大切さ（質・量ともに）、館長の大切さを認識した氏は、市長と職員数を折衝する席で、大変がんばって下さったのだ。職員はとりあえず七人に、館長に関しては他の自治体からふさわしい人を呼んでよいと市長は許可した。[8]」

教育長は就任して間もない私に、図書館の人数は何人くらいが必要かと聞いてきた。一応、館長の要望とこの規模の図書館での職員数はどのくらいかを知りたかったのかもしれない。私は、大泉の例をあげて一八人以上と答えたように思っている。

このようにして、新図書館の人員の方向が決まり館長も専門職で経験のある課長職をおくことになり、職員数も一九八六（昭和六一）年四月現在、館長を含めて七人となり、開館年八七（昭和六二）年四月には一五人となった。

これは「教育長のなみなみでない尽力があったからこそ、これだけの人を迎えることができたのだとおもう。」（前掲）と吉岡さんは述べている。

さらに、吉岡さんはこれができたのは、「教育長や市長の力だけでなく、住民や議会の支持が強くあったことだ」と述べておられた。[9]

②予算編成　開館にむけての予算編成は新館の調度備品、図書等の資料、その他をあわせて非常に大事な作業である。特に、開館準備の過程では突然必要なものが出てきてあわてふためくことがしばしばある。その時になって予算担当課に泣きついても時すでにおそしということになってしまう。それだけに、必要な事項を慎重に拾い出し項目をたてていく作業が行われた。

予算内容の主なものは、各種工事（カーテン取り付け、視聴覚室音響設備、視聴コーナー設備、サイン取付）、コンピュータ関係（システム開発、既存図書入力、機械使用料）、資料（図書、逐次刊行物、AV資料）、家具、備品（書棚、机、椅子他）等であった。以上の項目を予算要求書として作成した。予算要求書は、まず、教育委員会内での査定をうけ、教育委員会として予算書を統一して、企画財政課（予算担当課）と折衝し、最終的に市長査定を行うことによって、三回の関門を経て予算原案が決定した。

予算書作成はまずその前段としての準備がある。それは各種カタログ、見積書を集めることから始まり、備品類ではそれらを図面（平面図）上におとして、どういうものが必要か項目表をつくり、工事費、委託備品費などの科目別に分けて整理していく。例年の場合は前年度を参考にできるが、新事業ではそういう訳にはいかず全て新しいところからつくらなければならない。これらの調査準備が五月から始めて九月頃までかかった。そして、教委の第一回査定が一〇月中旬、財政課が下旬、市長査定はあくる年の一月に行われた。これが、八七年度の図書館費である。

この外、コンピュータ関連の公民館図書室と旧図書館分図書、約一〇万冊の入力作業を年度中に完成させるため一二月補正予算に計上した。そして、システム開発と備品の一部については一月に発注しないとコンピュータの稼動や図書の搬入に支障をきたすため、両年度事業として、一二月議会で債務負担行為（両年度にわたって予算が執行できる行為）として議会の承認を受けた。[10]

(2) コンピュータ方式を考える

図書館はすでにコンピュータの時代に突入していた。バーコードの方式をどうするか。目録マーク（ＭＡＲＣ）*のレコードは固定長方式か可変長方式かなど、今みたいな高性能な機械の時代とはまったくちがった悩みがあった。当時はまだＭＳ－ＤＯＳが主流で、図書館が使えるコンピュータはオフコンと呼ばれるオフィス・コンピュータでＣＰＵの性能は一六ＭＧ程度だった。したがって、先行自治体ではまだ、文字が使えずすべて数字で処理をしていたが八〇年代後半になって、仮名漢字が使えるようになってきた。しかし、容量がすくないので、レコード長をどうするかが問題だった。すなわち、可変長はデータをぎっしり詰め込めるのに対して、レコード長は一レコードごとにファイルがつくられている。可変長は現在のファイル形式に近く、容量を多く詰め込めるのに対して、データを吐き出すのに時間がかかる。それに比して固定長は吐き出す時間は短いがファイルの中が少なくデータを多くつめ込めない。ともに一長一短である。当時の容量の少ないコンピュータのことであった。

＊マーク（ＭＡＲＣ）電子目録のこと。機械可読目録＝MAchine Readable Catalog）

さらに、バーコードはＮＲ７方式とリーダーはペン方式でこれはなかなか読み込みがよくなかった。現実に先行館の話では、ペンリーダーの読みが悪いため、バーコードを何度もなでる（こする）のでバーコードの印刷線がすりきれてしまったという図書館もあった。しかも、レスポンスは一〇秒から一分もかかるという時代だった。

これなら、貸出しは従来のブラウン方式の方が手早く、ファイルはカード方式の方が扱いやすいということだった。[11]

以上が機械の問題である。

次に、ソフトをどうやって構築して行くかが、大問題であった。コンピュータ会社は、すでに伊藤伊、ＮＥＣ、富士通、日立、ＩＢＭ、三菱、日本電子計算機などが図書館向けパッケージをつくっており売り込みが激しくなっていた。しかし、各社ソフトの内容は最初に開発した図書館の方式がそのまま踏襲されていて、これまた使い易いものではなかった。

コンピュータ化は市長の新図書館に対する要望でもあり、これを実施するためにどのように取り組んだらいいかを、職員全員で協議した。その結果、コンピュータ化をはじめるにあたり、まず、次のことを全員で確認した。

①コンピュータに関する知識はどんなことでも全員で共有する。

②私は機械に弱いからといって、他人任せにせず、わからないことは理解できるまで質問する。

③理解できない人がいる場合はその人がわかるまでみんなで援助する。

この申し合わせを基本にみんなで、学習とプログラムづくりが始まった。

それは、現在の手作業の仕事を機械に置き換えたらどうなるかをみんなで討論してそれを文字にして原案をつくって行った。

それは、それぞれが各部分を担当した。例えば、貸出・返却・蔵書・登録、検索用語の作成などを更に小分けして、①選書・発注・受入、②利用登録、貸出・返却、④予約、⑤資料検索、⑥利用者用検索、⑦督促、⑧蔵書管理（一・図書登録、二・蔵書点検、三・除籍）、⑨統計、⑩検索用語などであった。

特に、当時検索語は入力したカナ表記（用語）でしか出てこないので、類義語検索ができるよう特別のファイルを提案した。これは、例えば人名ではラフカディオ・ハーンと小泉八雲を同一人とする。ローズベルト（大統領）とルーズベルトを一緒にする。ニッポンとニホン、恋愛・愛・ラブ・ＬＯＶＥを同一語として認識させる。したがって、略字と本字など今では考えられない苦労があった。これらを「類義語検索」として用語の抽出なども行っていった。

そして、連なった文字列の「読み」は一つのフレーズまたは単語として認識されるので、分かち書きやスラッシュを間に入れなければならなかった。例えば、松本清張の『点と線』は「テン　ト　セン」、または「マツモト／キヨハル」と入れなければならなかった。これは、市販マークではそのようにつくられてくるが、同じ会社のマークでも統一されてなかったので、図書館で書誌内容をいちいちチェックし校正しなければならなかった。また、これらをSE（システム・エンジニア）に理解してもらうのにも随分と時間がかかった。[12]

(3)　貸出にPOS方式

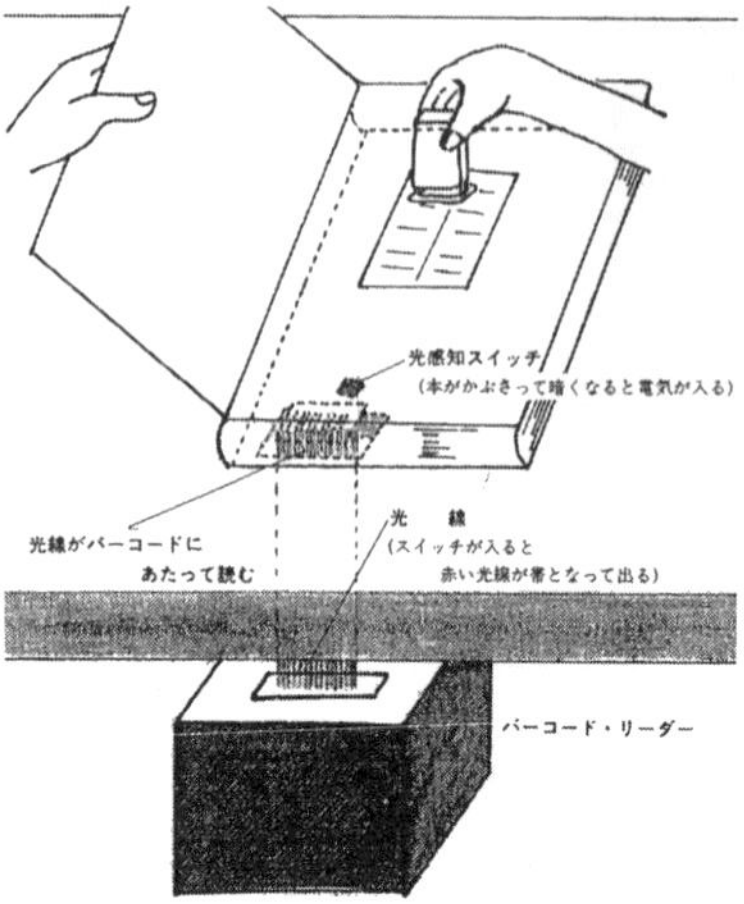

バーコードの読み取り（POSシステム）

貸出・返却や蔵書入力などに使うバーコード・リーダーはまだ読みが悪く感知するのに時間がかかる代物だった。また、当時のディスプレイは大きくそれをカウンターの上に置くと、邪魔になって利用者と直に相対できないのではないかと考えていた。そんなとき、ディスプレイをカウンターに埋め込んで使っているところがあると聞き、それを受付で使っている御茶ノ水の医科歯科大病院へ見学に行った。

さらに、それに合わせてバーコード・リーダーをカウンターの中に埋め込んで、下から光線を当ててバーコードを読むと同時に、本に日付印を同時に押すことを考えた。

本に期限票と日付印があれば便利だと思ったのは、すでにコンピュータ化した近所の図書館を利用しているとき、期限票としてレシートを発行していた。これは、しおりの代わりになるが、紛失する恐れがあった。そんなとき、ブラウン方式で行っていた貸出期限票（デイト・スリップ）に日付印を捺すことだった。それは本の扉を開いた時にこの本は何回位借りだされたか、いちいちコンピュータに頼らずとも、利用者が自分で確められるのも便利なことだと思った。また、図書館側もその本の貸出し履歴がその場で一目で分かるという利点があった。

カウンター作業を機械に合わせるのではなく、機械をカウンター作業に合わせることが大切だと思った。

そんな時、バーコードラベル・プリンターを売りこみにきた業者が工業用のバーコード・リーダーのあることを教えてくれた。その現物を取り寄せ、いろいろと実験を加えた。このリーダーは工場や流通現場で動いているベルトコンベア上の製品や品物を一定個所で読みとって管理するもので、赤外線で最長五〇cm位までの距離のバーコードを読む当時としてはきわめて精度の高いものであることがわかった。早速、木工業者に仮のカウンターを作らせ、実験を何度も繰り返し行った。スイッチは光感知スイッチとし、本が上にかぶさって暗くなると、別の穴から点灯し、光線が出るように工夫した。バーコードラベルの貼る位置や日付印を捺す位置なども計算して、その穴の位置にラベルがくるように本を動かし、日付印は普通に捺すことができた。カウンターの穴は光線の幅にあわせて一〇㎝とした。光線は薄い帯状となって上に照射し、その穴の上を通過するバーコードを読むこととした。

その結果、カウンター内に埋めこんだディスプレーのおかげで、職員は利用者と正面から相対でき、カウンターの内側に置いた場合のディスプレーとは異なり横顔を見せないですみ、ディスプレーごしに話をする必要もなかった。カウンターの上はすっきりして、利用者とゆったり向かい合って話をすることができるようになった。さらに、リーダーを赤外線照射にしたため、読みは早く（瞬時）、それにペンリーダーと違ってバーコードが傷むことも無かった。[13]

コンピュータ・システムの全体協議は四月半ばから始まって、九月半ばくらいまでかかった。この間、職員会議一五回、他館見学六館、各コンピュータ会社の営業やＳＥとの折衝は三〇回以上かかり、システム仕様書がやっと出来上がった。

機種決定は、この仕様書をもとに行ったが、六社へのソフト開発説明に意外と時間がかかり最終的には年を越してしまった。

(4) 書架・家具を考える

図書館の設計者は和設計だった。当時社長の西川馨氏が家具の設計書を持ってきた。従来の図書館の書架は中置と壁面立てかけであり、それは書棚然としていた。

和設計の提案は新しい書架の方式だった。当時図書館設計者や書架メーカーが共同で開発したもので、壁面にフックをつけて棚板を並べる方式だった。それは、スーパーマーケットの展示棚にヒントを得て、スチールの柱にアームをつけてその上に棚板をのせ、板を外すと全面が壁面になるというもので、展示や案内板にもなるものだった。また、アームの形をかえれば斜め置きで表紙を見せた配列もできた。壁面と棚板は木製にした。

棚板は奥行き一五cm、一八cm、二二cmさらに二八cmと本の大きさに合ったアームと棚板を用意した。

当時、まだこのような書架は図書館ではあまり使用されてなく、朝霞が採用した結果、それがあちこちの図書館でも使われるようになっていった。

カウンターも当初の設計では五m位長い一列のカウンターだったがそれを三つに分けて、ディスクとし、カウンター内の職員が素早く外に出て行けるようにした。それは職員が利用者の質問に答えて書棚まで案内できるような配慮だった。

書架の配置は高い書架は壁面や館内の周囲に置き、中央部分は低い書架で統一した。その結果、入口から館内を一望できるようにした。

児童の絵本はすべて表紙を表にする面置き（表紙を見せて排架する）にした。これはすでに大泉図書館で経験済みだった。さらに大泉では中途半端だったヤングコーナーを独立した形で設け、家具なども若者向けに考えた。

書架の設計図面をつくるのに設計者との協議が五月頃から始まり、幾度も手直しを繰り返し実質翌年三月ぎりぎりまでかかった。

(5)　書店感覚での本の排列

公共図書館での本の排列が開架になってからすでに久しくなった。主題排列である日本十進分類表（ＮＤＣ）は機能的で使い易いが開架での排列だとどうしても無理が出てくる。その最たるものが料理・手芸・育児、旅行、健康、冠婚葬祭、自動車・バイクなどの実用書である。朝霞に図書館を開館するにあたって、本の排列を書店感覚で並べたらどうかと考えた。池袋の西武デパートに「リブロ」という大型書店があり、ちょうど、その頃そこの店長で今泉正光という方がいた。この人は業界では「今泉棚」と評判の棚揃いの神様と言われていた人で、彼がつくった棚によって売り上げが億単位でかわるというまさに黄金の指を持った人だった。近いせいもありリブロに通って、今泉さんについて書店の棚揃いの勉強をしそれを参考にした。

ＮＤＣでは、５９門（家庭生活科学）と言われる料理・手芸・育児、ＮＤＣ６８門は交通、鉄道は６８６、航空６８７、観光６８９、と旅行乗り物・ガイドブック・旅館・ホテルガイドはここに含まれる。また、史跡名所は２９門、さらに、外国旅行になると各国会話（８△７）が必要になる。コンピュータ関係ではソフトが００７、機械関係ではインターネット（通信回線）は５４７、情報工学５４８、電子工学５４９とわかれる。

　このように、実用書はＮＤＣでの配列には向かなかった。そこで、次のような書架配列を考えた。

　生活部門の出産・育児では、出産・名付け・育児・赤ちゃん・幼児の健康（小児科）、家庭医学の本を並べて排列する。

　裁縫・手芸では和裁、洋裁、着付け、ニット・編み物、刺繍、手芸（フラワーアレンジメント・皮革加工・藤細工・袋物）など。

　料理部門では、和洋食、家庭料理、お菓子・パン、飲み物、酒・酒肴、グルメガイド。ここには池波正太郎の食べ物に関するエッセイやガイドなども一緒に並べた。特にパンや洋菓子、ワインなど洋酒の本、パッチワークなどは外国の実用書などを青山の専門書店から購入した。

　旅行は、国内、海外と大別して、ＪＴＢはじめ各社の各地のガイドブック、『地球の歩き方』など各国の旅行会話の本、史跡名所案内、旅館・ホテルガイドなどを一か所に集めた。

　これらの、排列は今ではどこも当たり前になっているが、この頃は物珍しさと便利だということで多くの方の利用があり、図書館界でも参考にするところが出てきた。さらに、全国の道府県の観光パンフや地誌案内を県別のトレーに入れて配置した。これも利用者から便利だと喜ばれ、旅行に行った利用者で旅行先のパンフを持ってきてくれた人もいた。[14][15][16]

6　図書館づくりへの住民の力

「できるよニュース」第１号

私が朝霞に赴任した一九八六（昭和六一）年五月、「図書館を考える会」と「図書館を学ぶ会」に私の運営方針や図書館に対する抱負を語ったことは前に述べた。この二つの会は共同で『図書館ができるよニュース』第一号を七月に発行した。この『ニュース』は一一月五号まで発行された。その第一号は、「館長　大澤正雄さんにお会いしました」のインタビュー記事と「発刊によせて」の発行者の弁、新図書館の館内見取り図が紹介された。

「図書館を考える会」「図書

館を学ぶ会」は精力的に活動して、図書館建設の進捗状況や準備状況を『ニュース』で住民に広く知らせたり、子どもの本の講演会、県内の先進図書館の「市民の会」や「友の会」などとの交流会なども行われた。また、それぞれの本の交換会などを行って精力的に活動を行った。

さらに、八七年に入ると二月に「図書館を学ぶ会」「図書館を考える会」朝霞市文庫連絡会、えほんのじかん、北朝霞読書会の五団体が職員の確保についての陳情を朝霞市長宛に提出した。六月に入ると「開館を祝う実行委員会」に参加する人たちを募集し八月には第一回の「実行委員会」が開かれた。市民挙げての開館祝いの準備が着々と進められていった。

一方、準備室は市の『社会教育だより』に「図書館準備室短信」を八六年八月から八七年一〇月の開館まで毎月掲載し、図書館建設や開館準備状況を逐一公表した。さらに、『としょかんかわらばん』を発行して図書館や公民館など各施設に置いてもらった。

建物は八六年六月に着工し、八七年三月に竣工した。

7　新図書館施設の特徴

(1)　建物全般

新朝霞図書館の特徴はなんと行っても一階ワンフロアーにある。これは建設基本構想では地上二階地下一階と明記されてあったが、開放的で全体を見通せて、一般書や児童書はワンフロアーにおさめるという「基本構想」の内容だった。

さらに、従来の図書館みたいに小部屋で区切るのではなく全体が一つの部屋になっていて、利用者や職員の動線も容易だった。

(2)　建物の特徴

①青少年コーナー　特に、開かれた学習室として、青少年がおしゃべりできるコーナーが用意された。これはガラス張りの外から見える「グループコーナー」で、中でのおしゃべりの音が外に漏れないようにできていた。ここには丸テーブルと簡単なチェアーが配置されていて通称おしゃべりコーナーとした。

これは、私が大泉で試みたものを施設そのものから設計上用意してあって、おしゃべりコーナーの隣の東側窓際に青少年コーナーをつくった。窓際のコーナーは学習できる場として机を用意して、周りの書架には、ヤングを対象とした多品種の雑誌や本を、およそ一万冊揃え、若者たちの多様な関心にも、さらには学習にも応えられるように設計してもらった。

ここは自由に使える場で、ここにくれば人との出会いがあり、何かが始まる。例えば、単なるおしゃべりから、趣味のサークルや研究グループの交流、活動、ミニコミ紙の発行等のさまざまな可能性を持ったスペースにした。

開館後ここはよく利用され、投書箱に集められたさまざまな意見や詩・文章、イラストを入れた物語などがつくられて行った。図書館ではそれらを掲示したり、まとまった創作などは製本して開架した。

②児童コーナー　ここは一般コーナーと床の色を変えてパープルとし、棚の表示は文字だけではなくイラスト表示にした。

南窓際には絵本架が面置き三段として、下段を絵本の予備を入れるストッカーとした。したがって、棚の絵本がなくなると下のストッカーから補充できるようにした。

西側の入口のところにはアーチ型の柱を並べてそこの両側に児童文学の参考書や専門書を片側に、もう一方には新しい絵本などの展示場とした。

アーチをくぐって中に入るとすぐ児童用のカウンターがあって、その後ろに小さな部屋があり、児童で使う催しものの道具や児童書のストックを置いておく場とした。

児童コーナーの中央には四角のお話室があり、二枚の大戸は常に開けられていてそこには自由に入って寝そべって本を読むこともできた。お話会の時は戸を閉めると一つの部屋となりそこで子どもたちがお話を聞ける場とした。また、お話コーナーの外壁は書架として、絵本や図書が排架できるようにした。このほか、東側には五段書架が五本おかれ、北側の壁面にはノンフィクションの本を置くようにした。

③雑誌と視聴覚コーナー　建物中央には低い雑誌架が八角形に配置され、その真ん中にビデオ

が見られるコーナーが置かれた。さらに、その隣にはＣＤが聴ける試聴コーナーもおかれた。ここの雑誌架やビデオ架にはキャスターをつけて移動できるようにした。それは、この真ん中でコンサートなどの催しができることを想定した。

④和室と中庭　館内の西側には中庭があり、それに面して和室が設けられ、そこでは囲碁や将棋、小集会ができるようにした。またその外側の庭に面したコーナーは喫煙・飲食コーナーとした。

これは、図書館にお弁当を持って行きたいという要望に応えるためだった。その奥が湯沸かし場になっていて、お茶が飲めるようにした。

⑤視聴覚室と展示集会室　図書館での大きな催しには視聴覚室、映画会や演劇、落語、演奏会などができるように音響や映画・スライドの設備を用意した。隣の展示集会室はパーテーションで区切ると部屋になり、開くと展示コーナーとして使えた。壁面にはピクチャーレールを張り、絵画や書額がかけられるようにした。

この図書館を見学にこられた、和設計西川さんの先輩にあたる鬼頭梓氏（日野市立図書館はじめすばらしい図書館設計をたくさん行った建築設計者）が、「日本の図書館はやっと日野から脱皮したね！」とおっしゃっていたのが印象的だった。

このように、朝霞図書館の建物は日本ではじめてのコミュニティ型図書館だった。

8　図書館に寄せる「議会」と住民の関心

(1)　議会とのつきあい方

図書館長として赴任してまず覚えなければならないのは、議員の名前と顔である。小学校の先生が児童の顔を短期間に覚えるのと同じである。議員は「顔と名前」を売るのが商売である。市役所の廊下や街で出会ったとき、知らなかったではすまされない。同一自治体に長くいる人は問題ないが、新任で他の自治体や大学からきた館長は第一に心すべきである。

議員とのつきあい方については、個人的につきあう人もいるが、議会は各政党会派に分かれており、特定の議員と親密になることは、他の議員を敵にまわすことにもなりかねない。市長や教育長の政治的立場などを考慮して、誤解をまねくようなことがないよう十分注意することは大切である。しかし、議員と個人的に話をするなということではない。むしろ、各議員と大いに話をし、議員の人となりや考え方を知ることも大切である。また、選挙の際の公報や候補者自身が配布したビラやチラシなどは、その議員の政治主張や政策を知る上で貴重な資料であり、地域行政資料としても重視すべきものである。さらに、市内を回るときなど、各議員の後援会の看板や演説会のポスターなどによってその議員の地盤がわかり、のちのちの陳情や請願のとき、地元議員がわかるようになる。地域を車や自転車で回るときには注意しておくことも必要といえよう。

議会で質問や資料請求がくる場合がある。資料請求は議会事務局を通すか、議員個人が直接図書館に出向いて求めてくる場合もある。この場合、自治体によって異なるが、資料はすべて議会事務局を通じてというところもある。議員の資料請求は議員の法で定められた調査権なので、できるだけ応えなければならないが、他の議員とのバランスも配慮して対処することが重要である。特に、図書館に直接出向いてくる場合は、図書館のことを十分説明するよい機会でもある。

(2)　議会での質問・答弁

①質問について　質問については、必ず議会事務局から教育委員会を通じて通知がある。この場合は答弁書を作成するわけであるが、その際質問者の真意を知る必要がある。質問の中身が抽象的でよくわからない面がある場合はなおさらである。これらの場合、直接、質問した議員に尋ねるのが一番よいが、議員によっては直接教えてくれない場合もある。このとき、世話になるのが議会事務局の職員である。日常的に議員と接しているので、その議員の考え方や、現在取り扱っている問題、政治的方向など理解している場合が多い。また、議員によってもそれぞれの専門分野があり、また、会派内で割り振っているところもある。その中でも図書館専門という議員がいるようになればしめたものである。

議会質問に対しては、教育委員会全体で答弁を調整する場合もある。質問は図書館についてだが、学校図書館との関連や社会教育、生涯学習の方針など、他の課の政策とすりあわせも必要になる。また、教育長や市長の市政方針にかかる部分は、それぞれの担当課や教育長と相談しなくてはならない。

議会質問で一番困るのは「予算は足りているか」「人員はどうか」などの質問である。質問する議員は図書館を少しでもよくしたいという善意から、館長を擁護し、激励してくれているのだが、市長、教育長を前にして議場で「そのとおり、少なくて困っています」などとはいえない。腹ではありがたいと思っていても、口では逆な答弁をしなければならない。その点の真意を伝えることも大切である。

②答弁への心構とその方法　議員に対する答弁は市民に対する答弁であり、議会に対する発言は市民全体に対する発言と同じ重みをもっている。

議会の質問・答弁を通じて行政側の基本的な姿勢や考え方が明らかになる。それだけに答弁は大切である。答弁では、相手に対してわかりやすくその仕組みや内容について説明する。しかし、簡潔に要領よく、冗漫にならないよう気をつけなければならない。余計な言葉が混乱の原因になったりする。うっかりした答弁をすると、それが将来の行政課題にかかって将来の重荷になる。また、ある事業について今後計画化するのか、あるいは予算化するのか、それとも断念するのか、またすでに計画化もしくは予算化されている事項についてはどう進めていくのか、これらの考え方が議会の審議を通じて明らかにされていく。答弁に際しては、こちらの真意を的確に相手に伝えていくために、また、誤解を与えないためにも言葉は慎重に選びたい。

議員は「〇〇をぜひ実現してもらいたい」と行政側の積極性を求める質問を行おうとする。行政側はできれば積極的に取り組みたい。しかし、議会から積極的な対応を求められても、すべてに応じていくわけにはいかない。

議会で質問された事項について取り組むことはすでに決定した。しかし、その実施については優先順位があり、議会で請願が通ってもすぐに事業をおこなうとは限らない。そのことをストレートにいえば、相手の議員の名誉を傷つけるのでそのとおりにはいえない。やんわりとした言葉で、そんなに早くはできませんよ、といいたい。

「早く」という言葉にも、次のようにこれだけの意味合いがある。「今年度中の早い時期に」、「来年度中を目途に」、「ただちに」、「速やかに」、「可及的速やかに」、「できるだけ早期に」、「遅滞なく」、「早く」。この言い方で事業の執行についての優先度が示されるのである。

「これをやったらどうか」との質問には（よいことであるが順位はかなり低い。将来にわたって実施できないものでもある）、「そんなことはできない」とはいえない。相手の顔をたてて、しかも約束はしたくない。その場合は「研究したい」、「検討したい」、「課題としたい」となるが、さらに、「十分検討したい」、「積極的に検討したい」、などと一言加えると、少し前向きになる。「貴重な提案としてうけとめる」、「ご趣旨を活かしてまいりたい」等は、ほとんど実現性のない場合に使われる。

議員の中には「先の議会で私の質問に対して検討すると言ったが、あれはどうなったか」という質問もある。そういうことも予想して、答弁をしなくてはならない。質問の内容について一定の期待感を与えた場合は、その結果をきちんと伝えなければならない。

私が朝霞市に就任した直後の六月には、「昭和六一年度第二回朝霞市議会定例会」が開かれた。議会の図書館に対する関心は高く、一般質問には議員三人が質問した。従来、図書館に対しての質問はあまりなかったので、朝霞市議会としては異例の多さだったようだった。教育委員会の各課に対する質問の答弁者は主に教育長が行っていたが、今回の定例会では、図書館についての質問は図書館長が答弁することとなった。これは、館長が専門職ということと、外から来た館長の評価を計ることでもあった。

質問は多岐にわたっていて、篠原議員・図書館準備状況、八巻議員・新図書館の特徴と利用者層への配慮、開館後の公民館図書室との関係、「文庫」についての扱い、林議員・ワンフロアーの図書館での騒音問題、コンピュータ・システム、図書の選択基準、国・県及び他市町村図書館との連携についてと、三人からかなり専門的な質問があった。

【『昭和六一年度第二回市議会定例会』六月一一日議事録より抜粋】

○篠原逸子議員　続きまして、図書館問題につきまして、準備室の現状と当面の課題についてどのようになっているのかお聞きいたします。

最終的な設計図が私たちの前に示され、建設業者も決定し、まさに今朝霞市の図書館完成に向けて血液が体内を駆けめぐるかのごとく、目には見えない躍動感がひしひしと伝わってくるような気がいたします。館長を中心に準備室も活気づいているように感じられます。そこで現状についてお尋ねいたします。

○大澤正雄図書館長　篠原議員さんの質問にお答えしたいと思います。

三番の図書館問題につきまして、準備室の現状と当面の課題についてお答えいたします。

現在南朝霞公民館のレクリエーション室を貸し切りまして準備室を設けております。館長以下七名の職員で準備を行っております。

準備状況でございますが、スケジュールに沿って申し上げます。まずコンピュータのプログラム仕様を決め、そのプログラムに沿った機種を決めるべく現在努力中でございます。次に今年度の購入図書の選定を行い、コンピュータ入力の利便さと経済性を考慮いたしまして、図書の受注業者を決め、そして図書を発注いたします。その後書架や各調度、備品及び音響機器等の仕様書を作成いたします。今年度中の主立った作業は上記のとおりでございますが、現在はコンピュータのプログラム仕様書づくりと図書の選定を行っております。

当面する課題は、この二つの作業をできるだけ早く完了させ、次の段階に移ることと、思っております。

○**八巻勝夫議員**　まず初めに、図書館の新設に伴う公民館の図書室及び文庫の運営等についてお尋ねをしていきたいと思います。

その一として、新設館の特徴と利用者層への配慮点はどうなっていますかということなのですが、これは今答弁をしておりましたけれども、新しい図書館が図書の規模だとか展示方法だとか、いわゆるいろんな設備の内容とか、まだ具体的に我々伺っておりませんので、いつかそういうものを伺える時期があれば、そういうものを示していただければ、細かい点についての説明は結構です。

次の二点目ですが、これは予想で考えてみたのですが、新しい図書館が相当の規模の、恐らく一〇万冊以上を市民に見せるだろうと思いますから、そうしますとこの図書館そのものが完全に独立して市民の図書館として利用されることになると思います。そういう面で、従来までありました公民館図書室の内容に大変難しい問題が出てくるのではないだろうかというような気がいたします。

今度はこの公民館の図書室については、具体的にどういう点を強調して運営をしていくというお考えなのかを、伺いたいと。思っております。

次の三点目ですが、同じく文庫についてどのようになさるのかお尋ねをしておきたいと思います。

○ **大澤正雄図書館長**　八巻議員さんの質問の一、図書館新設に伴う公民館の図書室及び文庫運営等についてお答えいたします。

まず（一）、新設館の特徴と利用者層への配慮点について答弁いたします。

今度できる図書館は、御承知のように面積二七〇〇平方メートル、平家建てという非常に広いスペースを持っております。したがいまして、直接利用者が手にとって見られる図書は約一五万冊、地下の書庫を入れますと約二〇万冊の図書を置くことができます。希望どおり二〇万冊もの図書が一堂に集まったとしますと、さまざまの分野の図書が直接見られるということで、利用者にとって非常に使いやすい図書館となります。これが第一の特徴であります。〈中略〉

このほか、青少年、高齢者、障害者及び小中学校児童生徒に対するサービスなどがあります。また、各種集会所や談話設備などが整っており、市民が気軽に利用できるなどの特徴がございます。

(二)、公民館図書室の内容に変更はないかについてお答えいたします。

公民館図書室につきましては、現在と同様の運営を考えておりますが、コンピューター等の関係で貸し出し手続等がどうなるか、公民館側と十分協議して最良の方策を求めたいと思っております。

次に、(三)の文庫についてお答えいたします。

文庫については、現在と同様に対処していく所存でございます。

(四)、以上の三種類の業務の責任及び協力体制はどうなるかについてお答えいたします。

業務の責任につきましては、(一)が図書館、(二)が公民館、(三)は文庫、おのおのに帰するわけでございますが、協力体制については、現在と同様またはそれ以上の結びつきが強められるのではないかと思っております。すなわち、公民館と文庫に対しましては協力、協同の関係になると思います。いずれにいたしましても、精いっぱい努力する所存でございます。

以上、答弁を終わります。

【『昭和六一年度第二回市議会定例会』六月一二日議事録より抜粋】

○林守佳議員　質問に入らせていただきます。

〈中略〉

今回はワンフロアで、ほかに類例を見ない朝霞市独自のものができるということで、私もそういう意味では非常に喜んでおりますが、ワンフロアということは、床が一枚べロっとあるということですから、仕切りがないというふうに考えるのが当然で、その仕切りがないところで、例えば子供さんもいる、それから静かに調べ物をしたい、いろんな要望がある中で、音の配慮はどの程度されているのか。これは設計される方がワンフロアでと、建築する設計者そのものが決めていこうということですから、ある程度の配慮はされていると思います。ただ、その中で皆さんが静かなはずなのだというような形で考えているのか、それともある程度うるさくても、配置によって音は吸収されていくのだという考え方なのか、そこら辺のところをどう考えているかお聞きしたいというのが、（ア）の音響的考察についてでございます。

それから、（イ）のコンピューターの導入基準についてということでお聞きしたいと思いますのは、コンピューターの種類、それからその他をどういうものを使うのですかというような細かいことを聞こうというのではありません。コンピューターにどの程度の範囲の仕事をさせるのか、そこら辺のところをお聞きしたいと思っております。

〈中略〉

それから、図書の選択基準について〈中略〉、当然図書館として、のサービスの問題です。例えば、きのうの質問の中に公民館の図書室がどうなるかというような言い方ございました。〈中略〉現在の公民館の図書室にある本の種類と、それから今度新設する図書館の中に備わる種類との重複とか、〈中略〉またコンピュータそのものによって連動させていくのか、そういった意味のことも含めての質問であったように思ったのですが、その辺についてもう一度考え方をお聞かせいただきたいと思います。

それから、人員の配置について。これは上のコンピューターにさせる仕事ということに連動してくると思いますが、そういう意味とはまた別の意味におきまして、人数の数え方をどう考えているのか聞きたいわけです。

と申しますのは、初めから公民館の図書室に一人一人いるとすれば六人の定員がプラスされますし、これは数えないのだということになりますと六人減るわけですから、図書館要員が何人いるのかという物の考え方の中で五人も六人も差が出てくると、そういった関係で人員はどういうふうに考えて、どこまでをどういうふうに考えていくのか知りたいということを今お聞きしたいと思っております。

（オ）の図書館、図書室との関連についてというのは、人員の問題で入ってしまいましたが、その次の、（カ）の国、県及び他市町村との連携についてと、〈中略〉心の持ち方として、例えば市民の要望があればどこまでも本を追いかけるのだという考え方があるのか、ないのか。そういった気持ちはあるのだけれども、できないだろうとか、そういう意味でお聞きしている問題です。

ですから、図書館同士の貸し借りは現在でもやっていることはよくわかっております。そういった本の追いかけ方、そういったものをどの程度までやりたいと思っているのかと、そういうことをお聞きするわけです。

（ア）から（カ）まで一つずつ申し上げましたが、〈中略〉基本的にこういう考え方を持って進めているのだというアウトラインを正確に出していただいて、その中から、いや私たちはまだこういうこともしていただきたい、まだこういうものも足したらいいのではないか、これはできませんかというような材料になるような回答を本日はいただければ十分だと思います。

○**大澤正雄図書館長**　林議員さんの御質問にお答えいたします。

図書館の開設準備の中で、(一) 基本構想的なまとめの中での、(ア) の音響的な考察について御質問がございました。

今度できる新しい図書館は、確かに御指摘のとおりワンルームになっておりまして、確かに騒音という問題は考えられると思います。しかし、最近の図書館の運営ということを考えますと、全く静かでなければならないというようなものではないわけです。したがいまして、いろんな利用者が図書館に来て本を借りていく、あるいは中で読まない方もおりますし、中で開くことをする人もおります。そういう方たちのために研究室は用意してございますし、それから、昨日も特徴の中でちょっと申し上げましたが、青少年のためのガラスで囲った、外に音が漏れないような、そういう部屋も用意してございます。そういう意味で、いろいろな方たちがいろいろな方法で利用していく、こういうような施設になっております。細かいことは、技術的なことは私直接よくわかりませんけれども、運営上から考えましてそういうことが考えられると思います。

それから、あと施設的には、床材にはカーペットタイルを敷く予定でございますし、壁面には吸音設備が施してございます。そういう意味で、一応騒音は吸収されるかと思います。さらに、書棚に本が入りますと、これが逆に吸音の役割を果たします、そういう意味で、例えば子供の本の部屋なんかですと、書架で区切ってございますし、それから青少年あるいは成人の部屋それぞれもやはり書棚が入ります。そういう意味では、特別そこで大声を張り上げない限りは、騒音ということについてそれほど御心配いただかなくてもよろしいのではないかというふうに考えます。

それから、(イ)のコンピューターの導入基準について申し上げます。

コンピューターの導入基準につきましては、まだ正式には決めておりません。ですが、いずれにしろこれが決定した段階では決めていかなければならないかというふうに思っております。そういう意味では、よその都市の基準等を参考にするとか、それから、日本図書館協会では一昨年、『貸出し業務へのコンピューター導入に伴う個人情報の保護に関する基準』というのを制定しております。したがいまして、このような基準、それから他都市の基準等を参考にいたしまして、本市でもこれを検討していく所存でございます。

なお、先ほど御質問の中で、コンピューターにどういう仕事をさせるのかという御質問もございましたので、あわせて触れますと、資料管理を中心として進めていきたいというふうに思っております。したがいまして、コンピューターで利用者を管理するのではなくて、あくまでも本を管理をする、こういうことでございます。したがいまして、そういう点で現在仕様書を作成中でございますので、またできました暁にはもう少し詳しいお答えができるかと思います。

次には、図書の選択基準についてでございます。

図書の選定に当たりましては、やはり九万の市民が対象ということでございますから、さまざまな考えを持った利用者層がいると、思います。したがいまして、それぞれの方たちのいろいろな考え方、あるいはいろんな専門的な知識、あるいはレクリェーション的にお使いになる方、こういう方たちを対象としております関係で、しかも昨日申し上げましたように、かなりの収容能力が予定されるわけです。したがいまして、一度に全部ということは無理かもしれませんが、将来にわたりましてはこれらの本が入っていく、そういう点で選定基準ということは一つ考えていかなければいけないのではないかというふうに考えます。

特に最近のように大量の出版物が出されている中では、市民が必要とする図書がなかなか得られない状況もあります。そういう意味で、図書館はそれを補完する任務を持っているのではないかというふうに考えます。

こういう点を基本といたしまして、本市にふさわしい選択基準を将来つくっていきたいとこういうふうに考えております。

次には、人員の配置についてでございます。先ほどのお話の中で、公民館の図書室との関連でお話をということでございましたので、それに合わせてお答えしたいと思います。

図書館運営の性質といいますのは、やはりそこに働く職員の資質ということだと思います。特に図書館員の場合につきましては、利用者の読者といいますか、いわゆる知識に介入する仕事というふうに言えます。そういう、意味ではやはりそこに働く人たちの考え方、それから能力、これはやはりどうしても要求されるものであるかと思います。そういう意味で、私どもといたしましては配置された人員の中で市民の期待におこたえしていきたいというふうに考えておりますし、公民館につきましても、直接的な管理は公民館でありますが、図書室の運営につきましては、図書は従来どおり図書館の方で選択をする、こういう方向が出ておりますので、そういう点でやはり図書館と一体となった考えで進めていきたい、こういうふうに考えております。

それから、次に(カ)、国の県及び他市町村との連携についてでございます。

私はこの朝霞市に来まして、まず最初に職員たちにこういうふうに言いました。図書館というのはたとえ何十万冊の本があっても、その人の求める一冊の本がなければその図書館は使いものになららぬ。したがいまして、やはりそういう本を一遍に全部一つの図書館がまとめて買うということは非常に不可能でございます。したがいまして近隣の図書館あるいは県の図書館、それから国の図書館、国立国会図書館がございます。あるいは県立を通じまして全国の県あるいは市町村

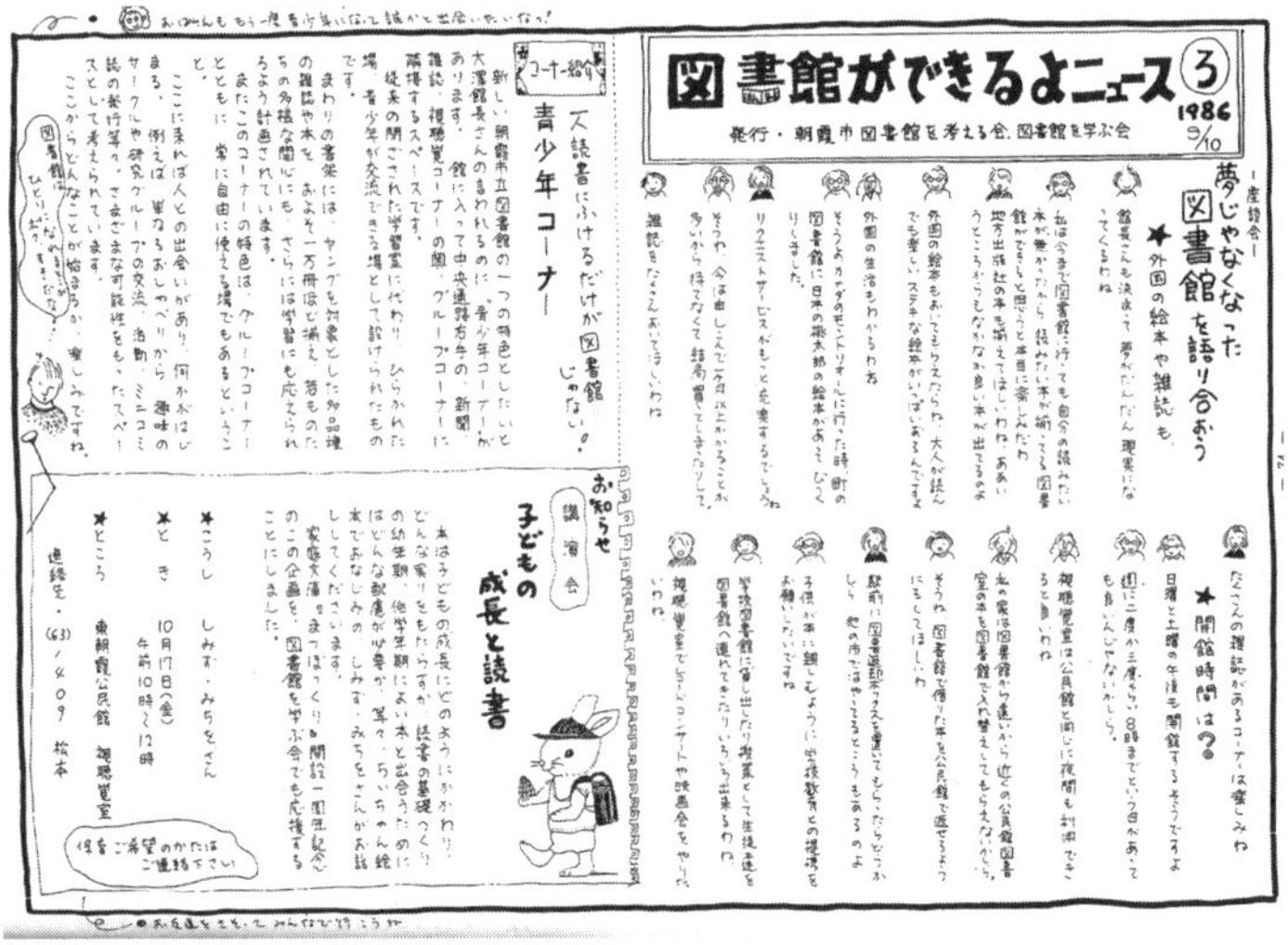
図書館ができるよニュース ③
1986 9/10
発行・朝霞市図書館を考える会、図書館を学ぶ会

－座談会－
夢じゃなくなった図書館を語り合おう
★外国の絵本や雑誌も
館長さんも決まって 夢がだんだん現実になってくるわね
私は今まで図書館に行っても自分の読みたい本が無かったから 読みたい本が揃ってる図書館ができると思うと本当に楽しみだわ
地方出版社の本も揃えてほしいわね。ああいうところからもなかなか良い本が出てるのよ
外国の絵本もおいてもらえたらね。大人が読んでも楽しいステキな絵本がいっぱいあるんですよ
外国の生活もわかるわね
そうよ カナダのモントリオールに行った時、町の図書館に日本の桃太郎の絵本があってびっくりしました。
リクエストサービスがもっと充実するでしょうね
そうね。今は申し込んで一ヶ月以上かかることが多いから待てなくて結局買ってしまったりして。
雑誌をたくさんおいてほしいわね
★開館時間は？
たくさんの雑誌があるコーナーは楽しみね
日曜と土曜の午後も開館するそうですよ
週に二度か三度くらい8時までという日があっても良いんじゃないかしら。
視聴覚室は公民館と同じに夜間も利用できると良いわね
私の家は図書館から遠いから近くの公民館図書室の本を図書館で入れ替えしてもらえないかしら。
そうね 図書館で借りた本を公民館で返せるようにもしてほしいわ
駅前に図書館の返却ボックスを置いてもらったらどうかしら 他の市ではやってるところもあるのよ
子供が本に親しむように学校教育との提携をお願いしたいですね
学校図書館に貸し出したり授業として生徒達を図書館へ連れてきたりいろいろ出来るわね。
視聴覚室でレコードコンサートや映画会をやったりね。

おばさんも もう一度青少年になって誰かと出会いたいなっ！

コーナー紹介
読書にふけるだけが図書館じゃない！

青少年コーナー
新しい朝霞市立図書館の一つの特色としたいと大澤館長さんの言われるのに、青少年コーナーがあります。館に入って中央通路右手の、新聞・雑誌・視聴覚コーナーの奥、グループコーナーに隣接するスペースです。

従来の閉ざされた学習室に代わり、ひらかれた場、青少年が交流できる場として設けられたものです。

まわりの書架には、ヤングを対象とした多品種の雑誌や本をおよそ一万冊ほど揃え、若ものたちの多様な関心にも、さらには学習にも応えられるよう計画されています。

またこのコーナーの特色は、グループコーナーとともに、常に自由に使える場でもあるということ。

ここに来れば人との出会いがあり、何かがはじまる。例えば単なるおしゃべりから趣味のサークルや研究グループの交流、活動、ミニコミ誌の発行等々、さまざまな可能性をもったスペースとして考えられています。

ここからどんなことが始まるか、楽しみですね。

お知らせ
講演会
子どもの成長と読書
本は子どもの成長にどのようにかかわり、どんな実りをもたらすか。読書の基礎づくりの幼年期、低学年期によい本と出会うためにはどんな配慮が必要か。等々、ちいちゃん絵本でおなじみの しみず・みちをさんがお話ししてくださいます。
家庭文庫「まつぼっくり」開設一周年記念のこの企画を、図書館を学ぶ会でも応援することにしました。
★こうし　しみず・みちをさん
★とき　10月17日(金)　午前10時～12時
★ところ　東朝霞公民館　視聴覚室
連絡先・(63)／4409　松本
保育ご希望のかたは ご連絡下さい

お友達をさそってみんなで行こうね

「できるよニュース」第３号

の図書館と結びつく、こういうネットワーク体制が現在日本の図書館の中にできつつあります。したがいまして、やはりそういうネットワークを通じましてさらにこれを深めていく、あるいは進めていく、そういう点が必要ではないかというふうに思います。

そういう点でやはり公共図書館におきましては、現在既に近隣市立図書館との結びつきで連携はしてございますが、さらに市内の大学あるいは高校の図書館、こういうところからもお互いに本の貸し借りをする、そういう点で連携を進めていきたいというふうに考えております。

以上、答弁を終わります。

以上、少し長くなったが当時の朝霞市議会の朝霞図書館への期待と図書館長である私の運営にかける抱負が現れているので採録した。

一方、「図書館を考える会」「図書館を学ぶ会」の『図書館ができるよニュース』第三号には「夢じゃなくなった、図書館を語り合おう」とその期待が書かれていた。

9　開館準備

一九八七（昭和六二）年三月末建物は完成し、四月の上旬に引っ越しした。四月一日から職員がさらに八人増え一五人（正規一〇、臨時五人、その後八八年四月に全員正規職員となる）となった。

四月からの準備作業はまず図書の分類コード、整理基準がつくられた。これは、新刊図書を装備業者に委託するためには必須のことであった。

図書選定の資料としては出版社約四〇〇社を選びだし、出版案内目録を二部ずつ送ってもらい、それにもとづいて購入選定をおこない、出入りの書店を通じて発注した。発注された本は装備会社において先程の分類コード・整理規則に基づいて装備され会社の倉庫に保管されていった。

八月には書架や家具備品が搬入され据え付けがおわると図書の搬入である。旧図書館からの三万冊に、新たに購入した八万冊を加えて一一万冊となった。これの排架には一番気をつけた。開架式の図書館では本をいかに排列するかによって利用が大きく左右される。利用者の立場でいえばカードや利用者用コンピュータの請求番号で本をさがすよりは、棚の間を自分の目で確かめながら、または新しい本との出会いを楽しみながら本を探すほうがよい。

朝霞市立図書館の本の排列は大きく分けて三つの群になっていた。一つは学術・専門書群、二つ目は文学・小説類、三つ目は生活・実用書群、この他にコーナーとして児童書が約二万冊、ティーンズが約六〇〇〇冊を別置した。

一方、新しい職員たち（市長部局から異動できた一人を含む）六人は、二人一組で、近隣市の図書館にお願いして六日間実地研修に出した。これは、新人職員にとってはとても良い勉強となった。研修受け入れ館は、隣の和光市、志木市と練馬区の大泉図書館で、それぞれの図書館の運営の特徴が把握でき、新人職員にとっては窓口を含めて貴重な体験となった。
このときの職員の感想を見てみよう。

「私は六月十六日から二十一日の六日間、カウンター実習を主目的とした研修で和光市立図書館にお世話になった。三階に位置するだけに明るく、広々としたスペース、何よりも利用者が快く利用しているソファに感動し、カウンターに立ちながらも、くつろいでいる人々の姿をうらやましく見ていたものであった。和光図書館では、本の配置、配列の説明から始まり、配架、カウンター業務内容を学び、悩みの種であったＢＭにも乗車させていただいた。カウンター業務では特に利用者に対しての態度（接し方）等に関して得たものが大きかった。いかに利用者が話しかけやすい態度・雰囲気であるかを念頭において接することが大切であることや、特に小さな子どもはこちらの接し方ひとつで態度が大きく変ることを実感すると共に、相手が親しみ深い笑顔でこたえてくれた時、何とも云えない快感を覚えた。はじめは全くといっていいほどこちらから話しかけたり、利用の仕方等の説明が満足に出来なかった私。最後まで自分で納得のいくカウンターを務めることが出来なかったが、我が朝霞市立図書館が開館し、カウンターに立つようになった時、この研修の成果を発揮できればと思う。（相澤浩美）」

「私が朝霞市立図書館に勤務した四月は、開館準備のため休館に入った月だった。そのため本来の図書館業務を経験できる状態ではなかったので、私達未経験者は一週間、大泉図書館、志木図書館、和光図書館において実習を行った。

利用者の頃は、借りていった本を二・三冊管理し、きちんと返す事に気をつけていればよかったが、利用者を受け入れる立場になった今は、この一冊の本がどのような状態、段階にあるのかを把握しなければならない。そんな本を何万冊と管理しているので、この違いが、利用者の頃とはまったくといっていい程違い、気づかなかったことを申し訳なく思った。

本一冊を何万冊の中から探しだす事が最高に重要であること、その一冊の本のために、何万冊の本の管理状態をよくするために、利用者との交渉から始まって、貸し出し・返却処理カードの管理・選書・分類・本の装備・配架・レファレンス・児童奉仕・移動図書館業務・その他諸々の業務が必要であることを体験した。（金子一彦）[17]」

窓口の接遇についてその心境をしるしている。図書館のカウンターでの応対は一番気を使うことで、そのときの状況がよく表現されている。

このときの金子一彦さんは二〇一二年四月から（二〇一五年四月現在）朝霞市立図書館長となっている。

他館での研修を体験した新人職員を含めて、コンピュータのテスト稼働と職員による扱い方の練習を行った。全員が初めての経験であり、開館までの日数を数えながら、それぞれの持ち場をやりながらの練習だった。しかし、コンピュータ会社によるプログラム作成の大幅な遅れから、実際の練習は開館直前となりブッツケ本番となった。

10　開館を祝う実行委員会

一方、「図書館を学ぶ会」と「図書館を考える会」が中心となって、図書館まつり実行委員会（以下「実行委員会」）が組織された。これには、公民館で活動しているサークルや団体、地域で活動している市民グループなどが加わった。

実行委員会は開館まつりの催しのプログラムや開館ポスターのデザインをまとめ、図書館でそれを作って、実行委員会メンバーの行きつけの商店や知人の家に配布や掲示をお願いした。商店のなかには居酒屋、パチンコ店なども含まれ裾野の広さを感じさせた。

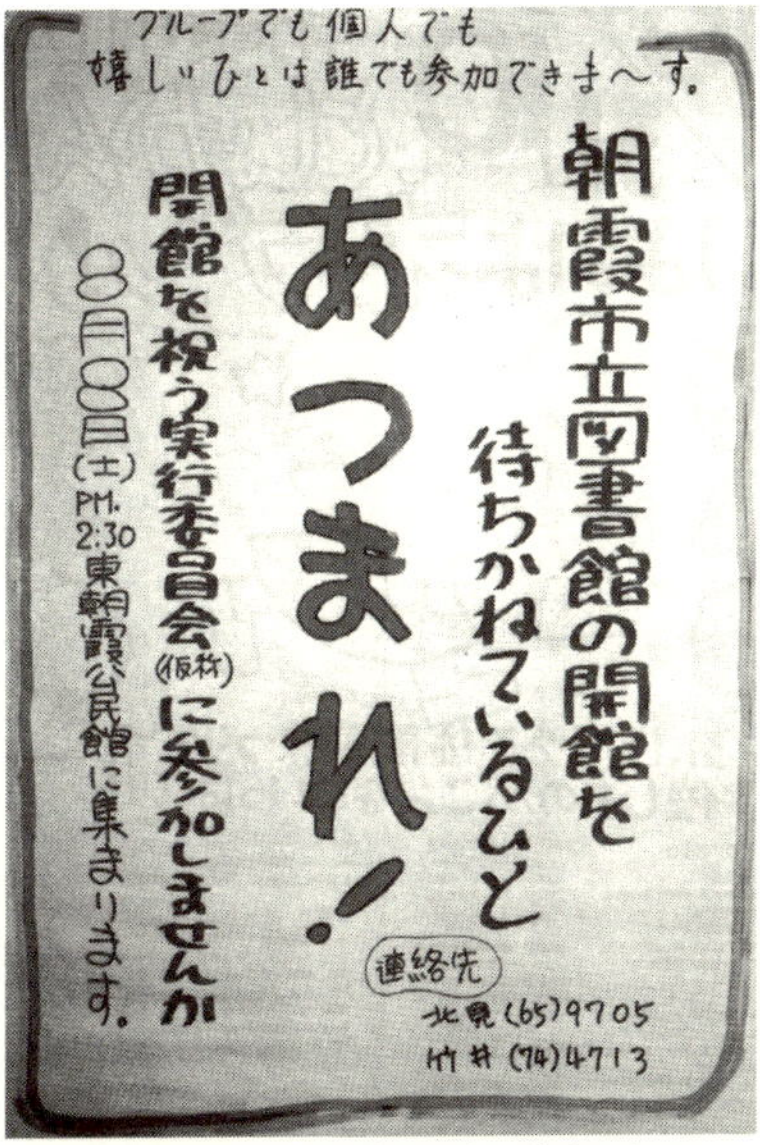

実行委員会「よびかけ」のポスター

九月にはいって、開館日をいつにするかが、問題だった。市長の意向は一〇月の終わりか一一月の初めだった。一〇月の終わりの頃は、陸上自衛隊の観閲式があり、内閣総理大臣が列席するという一大イベントが市内の朝霞駐屯地で行われる予定だった。したがって、その日にぶつかることはできるだけ避けたかった。さらに、観閲式には市としては市長をはじめ市役所幹部（図書館長も入っていた）や市議会議員の出席が予定されていた。幸い観閲式は一一月一日となり、開館式は結果的には一〇月三一日となった。

11　開館式と開館まつり

こうして、一九八七（昭和六二）年一〇月三一日に朝霞市立図書館は開館した。開館式の後、開館から四日間は開館まつりが「朝霞市立図書館の開館を祝う会」によっておこなわれた。この「祝う会」は図書館づくりの運動をおこなった「図書館を考える会」と「図書館を学ぶ会」が中心となって公民館の利用サークル・団体や市民によびかけ、賑やかに催され、連日図書館は満員だった。

市長は開館式の挨拶で、この土地の高い時代に平屋建ての図書館を建てる事について、各方面からいろいろと言われたが、子どもも老人も足の悪い人もだれでもが気軽に使える図書館ができてよかったと思っている。と、この図書館に対するなみなみならぬ決意を披露した。

初日は午前中雨もようだったが、開館式の頃には雨もやみ待ちに待った市民がたくさん来館した。

開館まつり初日の三一日（土）は開館セレモニーの後、菅原峻さんの講演「図書館はともだち」を朝霞文庫連絡会の主催でおこなわれ、親子劇場の人形劇、プロのフルート奏者の榑松愛子さんのフルート演奏、和室ではお手玉・おはじきなど昔の子どもの遊び、玄関前では朝霞第五小学校の太鼓の会による太鼓の披露が行われた。

一日は日曜日ということもあって、盛りだくさんの催しがおこなわれた。まず、家庭文庫「まつぼっくり」の子どもたちによる人形劇、児童コーナーのお話室では「ぽっぷあっぷ」によるお話会、明朗会将棋部の楽しい将棋教室、外では「上の原こどもばやし」がにぎやかに利用者を呼び込んだ。視聴覚室では「あさかマンドリン・アンサンブル」の演奏、ロックバンド「ＤＭＣ」によるロックコンサート、えほんの時間による大型かみしばいの実演、「図書館を学ぶ会」による郷土・百人一首カルタ会が行われ、おはなし会によるおはなしが行われた。

開館のにぎわい

二日（月）は図書館を学ぶ会による映画会「風の谷のナウシカ」が上映され、子供の本を読む会による「朝霞の伝説のはなし」が行われた。

三日（火）はクラブ生協による環境問題を扱かったスライド「緑と水」の上映と講演、「ブリランテ・デ・ギターラ」によるギターの合奏、「武蔵野リコーダ・アンサンブル」による演奏がおこなわれ、午後からは「お話会」、「カルタ会」、「朝霞の伝説のはなし」などがおこなわれた。

展示は、油絵（青の会）、子供の手づくり絵本（親子読書会）、朝霞の今昔展（子供の本を読む会）。埼玉と太宰治展（長篠康一郎）、松の木読書会の歩み（松の木読書会）、朝霞第一中学校美術部による絵画と書道の展示がおこなわれた。

さらに、七日（土）には工業デザイナーの秋岡芳夫さんによる「日本人と木のくらし」の講演が行われた。

12　若者へのサービス

(1)　ティーンズ・サービス

開館して間もなく、若手の職員を中心として青少年のためのサービスを行うことになった。担当者は三人。それぞれの企画で運営をまかせた。

担当者は、そのサービスを「ティーンズ・サービス」として位置づけ、建物東側の一画に『ティーンズ・コーナー』を設けた。

担当はそのコーナーの選書からレイアウト、PRを中心とした展示、また視聴覚室や集会室を利用した青少年向け行事の企画・実施等を行った。

当時、コーナーに置かれている本の数は約五〇〇〇冊。特に人気が高いのは文庫本・ノベルズで、貸出の多いコバルトシリーズやソノラマ文庫、Ｘ文庫、ＭＯＥ文庫、いちご文庫といったところはほぼ全点購入した。当時、ノベルズでの人気は、田中芳樹や赤川次郎、藤川桂介などで、著者名が選定の基準となっている。こうした読み物ばかりでなく、岩波少年文庫や岩波ジュニア新書、あるいはポプラ社、講談社、岩崎書店などで出している日本や外国の名作文学シリーズも置いている。ファージョンやランサム、ワイルダーといった外国の名作古典は著者別に並べられていた。

新聞や雑誌の書評欄、例えば朝日新聞の「ヤングアダルト招待席」や雑誌『ダ・カーポ』『ぴあ』『ＭＯＥ』『ＳＦマガジン』『宝島』『月刊カドカワ』『レタスクラブ』などの本の紹介欄にはヤングアダルトを対象にした記事が多く、特に哲学、歴史、社会科学、自然科学、語学などのノンフィクションの本と、ハイティーン向けの小説、エッセイはこの方法で選んだ。

棚の方も一般的な分類の他に、利用者のニーズに応えるべく、主題で本を集めたりする。例えば、

ティーンズ・コーナーの看板

ロックやニューミュージックなどの楽譜やコードブック、ミュージシャンの自伝などを集めたものが、好評のため常設となった。

一方、「テーマ展示」は二か月ごとにテーマを決めて書架を構成する。テーマ展示の例は、「校則に関する本」「風のように少年のように」といった具合だ。ティーンズ・コーナーは図書館全体フロア面積の二〇分の一と全体から見れば小さいため、展示・レイアウトは人目をひき、かつおもしろくなければならない。通りに面したガラス窓には〈Teen's Corner〉のサインがでかでかと掲げられている。これは職員がダンボールを切り抜いて色を塗った自作のものだ。

(2) 青年の主張

また、NHKのそれをもじった〈青年の主張〉というメッセージボードがあり、このコーナーの目玉になっている。

〈青年の主張〉のしくみは、B6版の大きさの紙を、メッセージボードの近くの低書架の上に置き、箱に入れてもらう。日ごろ感じたことから

青年の主張のボード

自作の詩を書いてもらうのまで内容は何でも結構。担当が目を通し、ふざけ半分のものはとり除くが、それ以外のものはたたみ一畳分もあるメッセージボードに貼り出す。とくに期間は設けていないが、新しいものと古いものを入れかえる形で貼っていく。常時一〇〇枚以上が貼られている。ここから得られるたくさんの情報は、職員にとって貴重なものだ。

この〈青年の主張〉はたいへん好評で、本の紹介や学校での出来事、恋愛や友人関係など、真剣に書かれているものが多い。

自作のイラストの発表の場にする子もいて一人で年間に二〇〇枚以上も投じてくれた。こうしたことから、図書館では最初一九八九年度青年の主張大賞等いろいろな賞を考えながら、それに該当する作品を選び出し発表をしていた。また、内容のあるコミックや物語は図書館が製本して蔵書として保存したり、貸出しをおこなった。それが一層若者たちの人気になった。〈青年の主張〉のファンはかなりいて、図書館に来ると、まず、この〈青年の主張〉のメッセージを読むという中・高校生も少なくはなかった。

(3)　シネマラソン

「ティーンズサービス」はこれだけではなく、行事やイベントの企画も盛況だった。そのおかげで、図書館の利用がしだいに十代の利用者の間に定着しつつあった。しかし、十代というのは、図書館を利用する人としない人との差が激しく、貸出券があるのに利用はしないという人はかなりいた。当時、市内の小・中・高等学校の生徒の登録率は、小学校が七四％、中学校が六〇％、高等学校がは三八％（一九八九年度統計）だ。そのうち、中・高校生の約半数、は前年度一年間全く利用していない。クラブ活動や塾など、当時も若者は忙しかったのだろう。それにしても一度足が遠のいてしまうと、また図書館に来るのはむずかしいようだ。

担当者間でこのことは何回も話し合われた。そして、新鮮に映るような行事を企画し、「図書館ではこんなこともしてくれるのか」といった魅力ある行事が出来ないものかと思案していた。

その結果、〈シネマラソン〉という青少年向け映画会を実施した。「二日間たっぷり映画の世界へ……」、というキャッチフレーズで、視聴覚室で、六本の映画を二日間にわたって流した。

建物が明るいフラットなワンフロアーに加えて、館内ではＢＧＭを流し、くつろぎの空間づくり行っている。

そのせいか、ＣＤ・カセットの貸出しも多く、クラシックやニューミュージック・ロック・ジャズ・軽音楽はもちろん、民族音楽や環境音楽などの品揃えも幅広い。

十代向けには氷室京介や久保田利伸のインストゥルメンタルを選ぶというように、職員もいろいろと気を配っている。利用者の投書の中で、十代の利用者からは、この「図書館大好き、なにより雰囲気がいいもの」といった感想が多い。やはり、図書館と音楽は切り離しては考えられない。

(4)　ロックコンサートと若者向け作家の講座

朝霞市内には二つの高校があり、開館当初から高校の図書室との連携を行ってきた。どちらの高校の司書もこの道十年以上のベテランだ。図書館では三週間に二回の割合で図書館の連絡車を学校に回わしているほか、学期に一回は館長も出席した連絡会議をもっている。選書や展示などは、高校の司書のアドバイスによるところが大きい。

ふだんから生徒とじかに接しているからか、ことヤングアダルトに関する情報は早くて詳しい。この本が映画化されるといった情報は高校の司書の方から得ることが多く、それが決まってブームをまき起こすのだから、連絡は欠かせない。

さらに、学校の授業のなかで必要な本の貸出援助や夏休みなどには学校の宿題について事前にまとめて、図書館側にその内容が知らされ、図書館側が用意して応えていた。

例えば、ある年、一つの高校で生徒に対して〝世界旅行〟という宿題がでた。生徒は自分で好みの国を選んでその国の生い立ちやら産業、観光などを夏休み中かかって調べ上げるというものだった。その成果を秋の文化祭で発表したが図書館でも、図書館まつりの時に併せて展示してもらったりした。さらに、写真部や書道部の生徒の作品を館内に飾った。

〝図書館でロックコンサートを〟という話が出されたのもこの連携の中においてであった。高校の文化祭では、学生のバンドによる演奏発表が行事の目玉の一つになっているそうだが、イカ天*ブームということもあってロックバンドの出場希望が多く、予選会を開いて出演グループを決定したそうだ。それも、「えっ、あの子もこの子もロックバンドをやっていたんだ」というほど高校生の間にロックが浸透していたようで、若者の代名詞ともなっていた。〈青年の主張〉の投書の中にもロックのことを書いて来る子が増えており、しばしロック談義となるのだった。

*イカ天＝当時若者に人気のあったTBS・TVの深夜番組「三宅裕司のいかすバンド天国」の略。

そして、秋の行事の企画にはぜひロックを！、ということになった。

図書館が開館した年、図書館まつりのプログラムの中に、一グループだがロックグループがあり、図書館で演奏した例がある。そして館内のBGMといい、音楽を積極的に取り入れていこうとする図書館だからこそこうした企画の発想が担当者から浮かんだのかも知れない。

そして、その秋の図書館まつりにあわせて「ロックコンサート」やシネマラソンを行い盛況だった。

青少年向け講座は、一九九〇年から九二年まで、三年連続でおこなった。最初の年は当時『風を道しるべに』や『さよならこんにちは』で人気のあったX文庫の倉橋燿子、二年目の九一年はコバルト文庫の放課後シリーズで人気のあった日向章一郎、九二年はX文庫の『ヨコハマ指輪物語』で人気のあった神崎あおいと三人連続でおこなった。それぞれの講座は満員の盛況で、子どもたちは色紙を用意してきてサインをもらったり、作品の内容やつくられたいきさつなど質問が集中した。講座については講師礼金五万円が毎年度予算に計上されたが、九三年度からはバブル崩壊の影響か予算が縮小され九二年度を最後に終了した。[18]

13　開館後の利用状況

一九九二（平成四）年一〇月、朝霞市立図書館では開館五周年の図書館まつりがおこなわれた。八七年の開館まつり以来、毎年、実行委員会方式によって「図書館まつり」がおこなわれてきた。それは、「開館まつり」に参加した個人やサークル、団体がこのまま解散するのも惜しいということで、「図書館友の会」（以下「友の会」）が誕生した。この「友の会」は図書館をもっと市民に知ってもらうために、いろいろ活動することを目的とし、次のような事業を行うこととしている。

図書館活動を自分たちなりに学び、理解するために先進図書館の見学、図書館でのボランティア活動、市長や教育長・図書館長に対する提言や要望、利用者懇談会や図書館まつりへの協力、会報を発行して市民へのＰＲなどなど。

「友の会」と図書館とはお互いにもたれあわず、協力・共同の関係を保ち続け現在に至っている。当時の状況を私が『月刊社会教育』一九九五年五月号に書いたものから引用してみる。

「図書館には朝から沢山の人たちがやってくる。開館と同時に年輩者や幼児の手を引いた若いお母さんたちが入ってくる。みんな、それぞれの場所を選び新聞や雑誌を手にしたり、ビデオやレザーディスクの視聴を申し込んだりしている。幼児を連れた若いお母さんたちは児童コーナーで子どもを遊ばせながら、お互いの子どものこと、育児のことなどを話し合って友達となる。また、ある人はお茶のみコーナーでお茶を飲みながら、図書館で知りあった仲間と話をしている。やがて、ある幼稚園の子どもたちが集団で図書館にやってくる。きょうは仲よし幼稚園の図書館見学で視聴覚室で映画とお話がある。映画はピーターパン、お話はモンゴルの民話『スーホーの白い馬』、図書館のお姉さんが語り、お兄さんが馬頭琴を弾く、子どもたちは馬頭琴の美しい音色と語りにじっと聞き惚れている。映画とお話が終わると子どもコーナーで自分たちの好きな本をめいめい手にとりながらページをめくっている。今聞いたスーホーの絵本はひっぱりだこだ。集会室では赤ちゃんや幼児をもったお母さん相手に『子育てに絵本を』の講座が開かれようとしている。子どもの感性や情緒、親子の愛情と結びつきを強めるものとして赤ちゃんの時からお母さんの声で子どもに語って聞かせることの大切さ、子どももがいろいろな冒険を経験して一人前のおとなに育っていく過程をあらわした昔話の重要さが語られる。講師は作者の山崎翠さん。

やがて、昼ごろになると近所の会社や事業所の人たちがやってきて、雑誌や新聞を読んで、帰りに本を借りていく。この時に以前リクエストしていた本が戻ってきたので渡す。

お茶飲みコーナーではいつもくる配送会社の運転手が途中で買ってきたのか、お弁当をたべている。その向いに年輩の主婦たちが数人にぎやかに持参した手作りのお弁当をひろげお互いに料理を褒めあいながらお菜をつっついている。

午後になると主婦、学校帰りの高校生や中学生でひときわ活気を呈する。図書館は中学生、高校生にとっては友達同士の待合せの場所であり、気軽におしゃべりしたり、雑誌を見たりCDを聴いたりする溜り場でもある。彼らの好みの本も一杯ある。

静かに落ち着いて調べものをしたり、読書にふけりたい人には研究コーナーやキャレルディスク、グループで相談しながら調べものや勉強したい人たちのためにはグループコーナーがある。

夜は、木曜と金曜が七時まであいているので勤めの帰りに寄って借りていくことができる。したがって五時すぎは帰宅途中のサラリーマンでひとしきり賑わう。[19]」

これは、当時の朝霞市立図書館の平日の流れである。

新らしい図書館が開館してからの利用は年毎に増えていった。この間の利用の状況は次のとおりである。

14　朝霞市立図書館の運営

朝霞市立図書館には四つの運営方針がある。

①人が出合える図書館　図書館にはあちこちから知らない同士が個々にやってくる。そして、読書やいろいろな交流を通してお互

朝霞市立図書館の利用の伸び

年度	貸出資料数	貸出者数	登録者数
87*	269,003	92,771	15,740
88	461,256	127,123	16,445
89	491,444	143,088	19,711
90	531,747	151,461	21,091
91	543,427	154,638	22,836
92	588,529	167,867	23,410

＊開館10月

いに知りあうようになる。

②お互いが学び合える図書館　知りあうということはそこから学びあいがはじまる。それぞれの人は全く違った生活体験や知識を必ずもっている。自分には無い知識や経験や技術を相手から吸収する。逆に自分の持っている経験や知識や技術を相手に提供する。ここから学びあいが始まる。このことによって、これらの人々に利用される図書館の資料は二倍にも三倍もの価値で広がっていく。

③生活情報を得られる図書館　人と知りあうことによって地域の出来ごとを知ることもできる。図書館には豊富な雑誌や新聞がある。また、いろいろな資料がある。地域のミニコミ誌とか、サークルの便り、グループの新聞、タウン誌、そういうものが図書館には集まってくる。

④自ら学習できる図書館　図書館というのは学習機能を持っている。自らが目的を持って、図書館にきて学習する。また、生活や仕事の上から調べることもある。あるいは、ぶらりと来てたまたま自分と全く関係ない専門の所をちょっと覗いてみたら、面白くてその分野の本を読んでみるとか、そういうことができるわけである。

以上が運営方針である。

朝霞市立図書館は市民の手によって作られ「勉学型」の図書館から誰でもが気軽に利用できる「コミニュティ型」の図書館として誕生し現在にいたっている。これからの公立図書館は、一部の学生や受験生、研究者だけでなく「誰もが気軽に利用できる」図書館でなければならない。そして、図書館にくる人々の知識・技量や情報がお互いに交換され、刺激しあい、さらに図書館資料の利用によってその知識や情報がよりたかめられていく。そこから新しい文化が創造され地域に教育力が培われていくことになる。

東京・墨田区立八広図書館の千葉治館長（当時）は、次のように述べている。

「地域の中には有名無名の沢山の専門家がおり、すばらしいコレクションをもっている人がいる。また、読書や音楽の感動を分ち合いたいという人も、身近な公害問題に取り組んでいる人や老人や子どもの問題で悩んでいる人もいる。図書館はこうした人々の学習要求や楽しみのための文化的要求を満たすことができるよう日常的に援助していくとともに、その対象やテーマに応じて最も適切な行事のあり方を創造していくことが人と人との自由で活発な交流を願う人々によって望まれている。そのことは同時に図書館が地域とともに発展し成長するということを促しているのである。」[20]

15　図書館報や意見は市民の手で

図書館の館報『MYらいぶらり』は年に四回の発行だが、編集員は高校生から五〇代の人まで幅広い層の市民によって構成されていた。したがって、図書館員だけでつくる官（館）報とちがって、若い人から年配の方々など、市民の声が紙面に反映する内容だった。イラストは図書館員で上手な職員がいて、その人が担当したが、編集は新聞社で編集をやっているプロの人が参加してくれていた。

さらに、図書館によせられる投書は、畳一枚程のボードに掲示し、投書者の名を消していたずらなものを除きすべて公開とした。それは、利用者からの投書は図書館利用者すべての人に見ていただき、その上で利用者からの意見を出してもらう。すなわち、利用者同士の意見交換の場とした。

また、図書館の運営に対するものでも図書館がしまい込まず公開して利用者の意見を待った。例えば、ＢＧＭがうるさいからやめるべきだという投書に対して、これを公開したところ多くの賛成者や反対者による討論となり半年位続いて、存続ということが決まった。

資料やリクエストの要求などでも、その用紙に館長名で回答を添え書きして張り出すなどした。例えば、それは既にはいっているとか、その資料は県立にまかせてうちの館では購入しないなど理由を明確にして回答するようにした。

16　図書の購入は定価で

図書の購入については、私が朝霞に赴任してすぐに地元の書店組合と話合って、書店組合を指名業者として市と契約できるようにし、図書はそこから定価で購入する契約を結んだ。

これは、図書は再販制（再販売価格維持制度）というのがあって、文化的商品である図書、雑誌、新聞、レコード等の四品目は、公正取引委員会が独占禁止法除外品目としていた。再販制とは、製作者（図書・雑誌は出版者）が決めた価格で、小売店（書店）は販売する制度である。

図書館は、同一図書（同じ本）を大量に購入するのとは違って多品種少部数を購入するので、図書館は本来割引購入をできない（やってはいけない）わけで、むしろ、公立図書館こそが再販制を守り、出版界を支える担い手にならなければならいという考えが私にあった。

市の財務当局や議会も私の説明に納得してくれて、私の退任後もその慣行は続けられた。したがって整理費は別途委託料として計上して、装備業者に館内に出張してやってもらっていた。最近では大量に購入するから割引で購入するというのが多くなっているが、それは、大手の図書館装備業者が整理付き定価販売という、景品付き販売を始めたのがきっかけで、競争が激化し価格割引が広がって、役所も財政難を理由に再販制を侵害する行為を公然とするようになった。

17　星空コンサート

図書館利用者や市内の音楽サークルなどが協力して、図書館の雑誌コーナーでプロの金管楽団をよんでコンサートが開かれた。一九九四（平成六）年一〇月、第八回図書館まつりの最終日のイベントとして、金管楽器コンサートを行うことになった。招聘には三〇万円の演奏料がかかるということだった。図書館ではいくらか予算計上してあったが、それでは足りない。そこで、図書館側から図書館まつりでよく演奏してくれる市内の音楽サークルと相談した。実行委員会をつくり、そこが主催者として行うことにした。

あるサークルの責任者の夫君が市議会議員をしているということも手伝って、市の有力者に寄付をお願いし、足りない分を整理券として一枚一〇〇〇円で販売し、一五〇名を集めておこなう計画を立てた。

当日は、図書館中央の雑誌・視聴覚コーナーの棚や機材を端に異動させて、一五〇人分の椅子を並べて演奏会の準備を行った。

星空コンサート

演奏者は、東京チューバ・アンサンブルで五人編成の金管楽器楽団だった。

館内に響き渡る金管楽器の音量はすばらしく、一五〇人余の聴衆はその音色に聞き惚れていた。

このような地域に役立つ図書館の役割とは、どのようなものなのだろうか。開かれた図書館運営の基本は日本国憲法に保障されている、知る自由、言論・集会・結社・表現の自由、さらに、教育を受ける権利であり、健康で文化的な最低生活を営む権利であるといえる。このことを明らかにして、戦後の日本の公共図書館発展の道筋をつくったのが、五二年前の一九六三年に出された『中小都市における公共図書館の運営』という報告書である。私たち図書館人はこれを略して「中小レポート」といっている。さらに、このレポートを現場で実践して書かれたのが一九七〇年に刊行された『市民の図書館』である。これは「中小レポート」の考え方を具現化させた実践の書といえる。

『市民の図書館』は図書館サービスの基本を「貸出し」におき、「貸出し」を通じて住民の学習する権利を保障していく、ととなえ、当時、貸出しに消極的であった図書館界に対して、その必要性を強調した。その結果、住民は図書館に足を向けるようになり、この貸出しの実践を通じて、「求められた資料は草の根を分けても探しだす」という予約制度を生み出し、貸出しを基本とした読書案内や読書相談が行われ、さらに、集会や学習活動が住民の自主的な活動として、読書資料・参考調査と合わせて行われるようになっていった。

公共図書館とは住民の税金でまかなわれている。すなわち、国民は自分たちで応分の費用を出し合って、知識と情報を共有し、それを活用し、自分たちのよりよい明日の生活と未来への社会発展を築くために存在するのである。したがって、公共図書館はその地域の住民の総意に基づいて存在し、その住民の不断の図書館利用によってますます発展していくのである。

図書館利用は誰からも強制されず、干渉されることなく、住民自らの意思で自由に利用できなければならない。住民が知りたいこと、学びたいことなど、その求める知識や情報について、量的にも質的にも保障されることが大切である。そのことは、図書館運営そのものも権力の干渉や団体の圧力に屈することたく、住民の知りたい、学びたい、よりよく生きたいという欲求に応えられることが重要である。そのためには、図書館に多くの人たちが集い、それぞれの立場で学び交流し新しい文化を創造し、地域に教育力を生み出していく。このことが図書館と地域住民が一体になって地域の図書館を守り育てていくことであり、地域に民主主義をつくり出していくことである。そして、公共図書館はこの民主主義を土壌としてさらに成長していくのである。

最近、東京二三区などで行われている指定管理者制度や運営委託による図書館経営は企業が運営するため、利潤を追求するあまり住民への自主的な運営が行われず、そこに働く労働者は賃金を搾取されるワーキングプアーとして企業に使い捨てられる状況が進んでいる。それはさらに、自治体が競争入札ではないが、より低額の業者を指名するため年を追うごとに応札額が下落し、そのしわ寄せは労働者や利用する住民に転嫁されて行くという悪循環に陥っている。

そして、企業による運営のため憲法に保障された国民の権利には考慮が払われず「権力の干渉や団体の圧力」に弱く、さらに、それらとの摩擦を避けるために自己規制してしまうなど、図書館運営の独立性が担保されないなどの問題をはらんでいる。
このような図書館運営の状況を排して自治体直営による運営が行われることが大事である。

注

1　朝霞市立図書館編『開館準備資料集成―朝霞市立図書館建設の記録―』朝霞市立図書館、一九九三年一〇月、五頁
2　冨岡正孝「『中小レポート』とともに」『みんなの図書館』通巻九号一九七八年四月号、六二頁
3　吉岡雅子「公民館と図書館」『開館準備資料集成―朝霞市立図書館建設の記録―』朝霞市立図書館、一九九三年一〇月、一八頁
4　『図書館を考える会ニュース①』朝霞市図書館を考える会発行、昭和五八（一九八三）年三月七日
5　後藤美智子「私たちの町に図書館ができた」『みんなの図書館』通巻一三二号、一九八九年五月号、一二頁
6　並木美昌「日本一の図書館になってほしい―朝霞市立図書館ができるまで―」『開館準備資料集成―朝霞市立図書館建設の記録―』一九九三年一〇月、一頁
7　吉岡雅子「新館建設時における人材獲得しかた―朝霞市立図書館の場合―」『みんなの図書館』通巻一五三号一九九〇年一月号、一〇頁
8　吉岡雅子、前掲一一～一三頁

9　吉岡雅子、前掲一三頁
10　大澤正雄『予算編成』『開館準備資料集成』八五～八七頁
11　吉岡雅子・平塚豊「コンピュータシステム要求書作成までの経過―朝霞市立図書館の場合―」『みんなの図書館』通巻一二一号、一九八七年六月号、一二一～一二二頁
12　大澤正雄「朝霞市立図書館における検索のための工夫」『みんなの図書館』通巻一四五号、一九八六年六月号、一四～二五頁
13　大澤正雄「貸出しには日付印を捺して―朝霞のALカウンター・システム―」『みんなの図書館』通巻一三四号、一九八八年七月号、六二～六五頁）
14　大澤正雄「利用者にとって探しやすい「排架」とは―朝霞市立図書館における開架図書排列の試み―」『図書館界』日本図書館研究会・四一巻六号（通巻二三一号）三〇四～三〇九頁
15　大澤正雄「資料管理と棚づくりと」『公立図書館の経営』日本図書館協会、一九九九年一〇月、八八～九一頁
16　南田詩郎「書店感覚で本がさがせます！―朝霞市立図書館での排架排列の試み―」『みなの図書館』通巻一八八号、一九九三年一月号、二九～三九頁
17　『開館準備資料集成―朝霞市立図書館建設の記録―』、一〇四～一〇五頁
18　「図書館でロックコンサート」平塚豊、金子一彦、石原律子『みんなの図書館』通巻一五九号、一九九〇年八月号

19　大澤正雄「これからの公共図書館」『月刊社会教育』四七〇号、一九九五年四月号
20　ちば・おさむ、伊藤紀子、松島茂共著『図書館の集会・文化活動』日本図書館協会、一九九三年九月、九二頁）

参考資料

1　「若者のために―もっと身近な図書館を―」朝霞市立図書館ティーンズ担当『公共図書館におけるヤング・アダルトサービス実態調査報告』日本図書館協会、一九九三年
2　「地域の市立図書館とも手を結んで―埼玉県西部地区高校図書館ネットワーク―」新谷保人『図書館雑誌』八三巻五号、一九八九年五月号
3　「市立図書館を良きライバルに―ヤングアダルトサービスを通した高校と公共の図書館協力―」新谷多美子『図書館雑誌』八四巻五号、一九九〇年五月号

第4章　鶴ヶ島市の図書館をつくる

朝霞市での九年に及ぶ図書館勤務は一九九五（平成七）年三月の定年で終った。一九九五年四月一日から、朝霞市から電車で三〇分ほど西へ行った、人口約六万人余の鶴ヶ島市の図書館長として赴任することとなった。

鶴ケ島市はすでに公民館併設の図書館分室が五館あり、市は中央図書館建設を計画しており、基本設計はきめられ、一九九四（平成六）年から工事は始まっていた。躯体はほぼできあがり、工事現場を囲む鉄板の塀には市民による絵描きの催しがおこなわれ、図書館に対する期待が思い思いの絵で現されていた。

鶴ヶ島市は東京・池袋から東武東上線で四五分、人口六万三〇〇〇人、面積一七・七㎢、住民の平均年齢三五歳という若さにあふれたまちだった。

絵が描かれた塀

鶴ケ島市の図書館建設は、一〇年前、町（当時は「町」）をあげての図書館づくり運動が起こったが、その後、町長の交代による建設計画の凍結など町立中央図書館建設の高揚感が一挙に奈落の底につき落とされた。そのような紆余曲折を経ての市立中央図書館の開館だった。

この図書館建設の中身を語るためには、鶴ケ島市（当時は「町」）の図書館づくり運動の歴史を語らなくてはならない。

1　社会教育の町「鶴ヶ島」

(1)　地域での学習・文化・スポーツ活動

埼玉県の県南・県西地域は公民館活動が盛んなところで、その中でも特に富士見市、鶴ヶ島町はその運動が盛んなところだった。

鶴ヶ島町は、一九八四（昭和五九）年から一九八九（平成元）年まで社会教育主事や学芸員・図書館司書を専門職として採用し、社会教育主事講習や司書講習へ職員を派遣して職員体制の整備をすすめ、周辺市町村に大きく差をつけていた。

その結果、一九八三（昭和五八）年二名だった社会教育主事が一九八九（平成元）年には一一名と全公民館への専門職配置がすすんだ。

住民は、子どもから若い成人世代が多く、町全体が若い活力にあふれていた。それらをもとに、地域レベルでの学習・文化・スポーツ活動が盛んとなり、行政はそれを補完するように地区単位の公民館を建設して行った。公民館をつくるにあたっては、地域の住民の声をもとに設計・建設がおこなわれ、そこには図書館分室が併設されて行った。

鶴ヶ島町の社会教育活動を通して公民館・図書館建設にあたった元教育長の松崎頼行氏は次のように述べている。

「住民自治の担い手である住民が、主体的力量の形成と発展の中で、自らの学習・文化活動に必要な教育条件の整備を行政だけにまかせるのではなく、自分たちの要求にもとづきつくり出した。公的保障の存り方を自己教育活動の中でみい出し、行政の課題として位置づけさせ、実現させた。生涯学習の条件整備とは何かを公民館建設を通して私たちに示唆してくれた。

この取り組みは、図書館建設にも反映した公民館の適正配置計画立案時に、図書館（公民館内分室）利用者、地域文庫、鶴ヶ島町の図書館を考える会から、将来の図書館体制網の確立に向けて、今後の公民館建設にあたっては、図書館分室を併設するよう提案があり」各公民館に図書館分室が設置された。「現在、各分室に司書が配置され公民館との共通課題、共通の事業には、公民館利用者、図書館利用者、公民館、図書館職員が一体となって取り組んでいる。」[1]

と住民が主体となって計画を立て、行政が条件整備を行ってきたことの意義を述べている。

図書館活動も、公民館、学校、働く婦人の家、児童館、老人福祉センターなど、町内の教育・

文化・福祉施設と相互に協力連携して、住民の社会教育活動の発展に寄与しうるよう図書館の持つ機能を多方面に発展させていった。「鶴ヶ島町住民意識調査」は町民の施設要望では図書館に対する要望が一九八六年度調査では病院、下水道に続いて三番目だった。前回調査（八三年度）は四位だったのが一ポイントあがった。（昭和六一年度実施『鶴ヶ島町住民意識調査結果報告書』鶴ヶ島町　六一年度発行）

(2)　第一回図書館まつりと「考える会」の誕生

第一回図書館まつりは、町制施行二〇周年を迎えた一九八五年、さまざまな行事が華やかに行われた。「図書館まつり」もその一環として行われたものであった。町の委嘱によって「図書館まつり」実行委員会がもたれ、七月からその準備がはじまった。

「図書館まつり」は一〇月二一日から一週間、各文庫による多彩な催し物が、町内五つの公民館でくり広げられ、「まつり」は成功した。

図書館まつり実行委員会委員長（後の「鶴ヶ島の図書館を考える会」代表）の栗原進氏は、第三九回読書週間の始まる二七日の「図書館まつり」最終日のメインイベント『読書感想文集』発表の「発刊によせて」で次のように述べた。

「町民のどの家からも歩いて十分以内の場所に図書館があったらどんなに素晴らしいでしょう。更に、働く人たちも含めて毎日利用できるような図書館であったらと願わずにはいられません。そうなったとき、図書館は町民の（やがては市民の）文化のセンターとして私たちの心に潤いを与え、子供たちを健やかに育ててくれる機関となるでしょう。私は、この『まつり』と感想文第一集の発行が、そんな私たちの願いの実現のキッカケとなることができればと思います。」[2]

この日、挨拶に立った石井喜八郎町長は、町総合計画の中で独立した中央図書館を建設することを発表、次年度より基本調査のための予算を計上することを約束した。「まつり」に参加した住民の心は、この町長のことばに励まされ自分たちの願い実現のキッカケをつかむことができた。

「まつり」の成功後、時をおかずして、町としては第一回の「社会教育を考えるつどい」が企画され実行に移された。年もおしつまった一二月一八日に行なわれた。

第一回「社会教育を考えるつどい」の基調報告は、共通テーマとして、「ゆたかでうるおいのある生活を求めて」とし、「豊かで潤いのある町づくりを社会教育分野でどうかかわり、どう求めて、実現していくか、自分たちの生活をみつめながら話し合うことを目的」とし、「本当の豊かさ、うるおいとは何かを、住民と行政が一緒になって創りだしていきたいと思います。」と述べている。

これは、一九八四（昭和五九）年三月に、策定された、向こう一〇年間の鶴ヶ島町将来目標及び基本政策、「鶴ヶ島町総合計画・豊かで潤いのある文化息吹くまちづくり」を基本としたものだった。

そして、五つの分科会がもたれたが、第二分科会は「くらしの中に生きる図書館」と題して、基調報告にのっとった、「豊かな生活、豊かな町づくり」の要となる図書館をどうつくっていくか、そのための中央図書館の役割について討議した。

この第一回の「社会教育を考えるつどい」の内容について栗原進氏は次のように述べている。

「この『つどい』は、『子育て』『図書館活動』『スポーツ活動』『公民館活動』『文化財問題』と五つの分科会を持った。全町的規模での『町づくり』の『つどい』として位置づけられ、社会教育の町鶴ヶ島が、教育委員会の総力をあげて住民とともにつくり上げる一大イベントとなった。」[3]

この「考えるつどい」に「図書館まつり」の実行委員たちは、「今度は自らの意思で参加していくことになる。」とその抱負を述べていた。[4]

テーマは「くらしの中に生きる図書館」。そこでは、実行委員以外の人たちにもアンケートをとり、浦安市立図書館など先進図書館の見学などもして、住民サイドの中央図書館建設のための学習をすすめていった。そこで、イメージをもっとふくらませ、中央図書館建設問題や現図書館分室の充実などに関して考えていく恒常的な組織をつくろうということになり、「つどい」をきっかけにその準備が始まった。そうして、「鶴ヶ島町読書連絡会」と町図書館の全面的な援助のもとに、一九八六（昭和六一）年五月「鶴ヶ島の図書館を考える会」（以下「考える会」）が誕生した。

2 「中央図書館建設委員会」の発足と逆風

(1) 「中央図書館建設委員会」の発足

一九八六（昭和六一）年五月市民団体「考える会」が発足し、さらに同年教育委員会により図書館の基本計画に対する調査が、図書館計画施設研究所に委託され一九八七（昭和六二）年三月『鶴ヶ島町立図書館計画一九八七』が策定された。

町教委ではこの計画内容を「本の森を育てよう―図書館のまちつるがしまをめざして―」というパンフレットにまとめて全町民に配布し町民の意見を求めた。これは、絵本作家わかやま・けんのイラストで図書館の機能が判りやすく描かれていて、その隅には意見を求

全戸に配られたパンフレット

めるはがきが印刷されてあった。

一九八八（昭和六三）年三月町議会は、構想を具体化するために「中央図書館建設委員会」（以下「建設委員会」）設置条例を決定し、一九八八（昭和六三）年五月から発足した。

「建設委員会」のメンバーは、住民、議会代表、学識経験者等の構成により一九八九（昭和六四）年五月まで六回の会議で討議を重ねた。私はメンバーの一人として鶴ヶ島町の要請で参加した。学識経験者の顔ぶれは、菅原峻（図書館計画施設研究所）、森崎震二（専修大学教授）、栗原進（鶴ヶ島の図書館を考える会代表）、佐藤一子（埼玉大学助教授）、丸谷博男（千葉大学講師）、大澤正雄（朝霞市立図書館長）と、当時としては図書館づくりの精鋭を集めた委員会だった。

建設委員会は一九八九年三回目の会議で「鶴ヶ島町図書館の基本理念」について討議しそれを確定した。そして、鶴ヶ島町中央図書館建設委員会として、一九八九年五月第一回報告書『暮らしのなかに生きる図書館―鶴ヶ島中央図書館のめざすもの―』を策定、教育長に答申し、一九八九年六月二二日付けで発行された。さらに、第二回報告書『暮らしのなかに生きる図書館―中央図書館の機能、位置、規模―』を一二月に教育長に報告し、一九九〇（平成二）年三月に発行された。

(2)『暮らしのなかに生きる図書館―鶴ヶ島中央図書館のめざすもの―』

第一回報告書は、町の基本構想にもある「豊かで潤いのある文化息吹くまちづくり」に社会教育の一分野である図書館がどう関わり、実現していくかという基本理念から出発した。

その理念は、「住民が求め、今日まで築きあげてきた社会教育の蓄積の中で生まれてきたものであるという現場認識からはじまった。そして、住みやすい町づくりが社会教育活動を住民の資料要求へと増大させ、町の図書館を育成してきたという考え方に基づいた。ここでいう社会教育活動というのは、町のなかで住民自治を育てるための住民自体の自発的な教育活動という考え方に基づいている。

一九八七（昭和六二）年に作成された鶴ケ島町図書館計画「図書館サービス網と中央図書館建設の計画」に示された鶴ケ島町の図書館活動や図書館像は、今後の中央図書館建設計画の参考となるものである。その図書館像は、町の社会教育活動の中で生まれ、育ってきた。言いかえれば、私たちの求める図書館像は、住民自治の担い手である住民の主体的力量の形成を培う本源的営みである社会教育活動の発展の中で築き上げられてきたといえよう。

この報告は「くらしの中に生きる図書館」の創造は、単に図書館関係者や利用者だけの願いではなく、公民館、社会体育、文化財などの、立場から社会教育活動に参加している人々をはじめ、全住民の願いでもあること、社会教育の発展が豊富な資料の必要性と提供を生みだし、図書館の生活化を認識する過程が描かれており、この基調報告そのものが鶴ケ島町の図書館像の基盤であることを述べている。

そして、全体は三つの章に分かれている。一．鶴ヶ島まち図書館の現状と住民、二．鶴ヶ島町図書館の基本理念、三．鶴ヶ島町図書館の実像となっている。[5]

(3) 町長の交替と「社会教育行政」の危機

中央図書館建設計画の第一次答申、『暮らしのなかに生きる図書館―鶴ヶ島中央図書館のめざすもの―』が提出された直後の九月、現職の石井喜八郎町長が公共施設建設の収賄容疑で逮捕され辞任するという事件がおきた。

石井町長は、教育委員から一九八三（昭和五八）年四月に就任し、一九八四（昭和五九）年三月には、「鶴ヶ島町総合計画・豊かで潤いのある文化息吹くまちづくり」を策定し、今後一〇年間の町の将来目標及び基本政策を発表した。それが、公平、清潔、住民参加を公約とし、住民から一定の信頼を得ていた町長だけに、町政に対する住民の信頼を根底から奪うものだった。

総合計画を策定し、教育・福祉のまちづくりを進めていた町長に代わり、都市基盤整備の促進を掲げた内野欣町長が一九八九（平成元）年一一月就任した。

新町長がまず手をつけたのは、今まで「鶴ヶ島から社会教育の風が吹く」と言われていた社会教育行政の見直しだった。[6] 内野町長は一二月はじめての議会で、一部保守系議員の質問にこたえて、今までの鶴ヶ島の社会教育は公平ではない。偏向しているとこたえ、今までの社会教育活動を全面否定した。さらに、町政への住民参加も否定した。

一九九〇（平成二）年三月には、従来専門職を配置していた公民館長・図書館長はいずれもが非常勤嘱託化され、同年四月と七月には社会教育主事・司書など専門職を含む社会教育関係職員の根こそぎ市長部局への人事異動が行われた。その後、公募による住民の実行委員会形式で進めていた社会教育事業は住民を含めず市だけで実施したり、実行委員を教育委員会が指名するなど住民参加の形骸化、社会教育を考えるつどい、子どもを考えるつどい、図書館まつりの廃止、条例設置していた中央図書館建設委員会は最終答申を待たずして一九九〇（平成二）年三月に凍結し、一九九一（平成三）年九月には「条例」を廃止した。

一九八四（昭和五九）年から整えられてきた住民参加による地域に根ざした社会教育活動が大きく後退していった。

図問研埼玉支部は、一九九〇（平成二）年九月一〇日古我貞夫支部長名でこのような暴挙に対する抗議をおこなった。[7] また、社会教育の研究者たちからも「前代未聞の暴挙」と全国から抗議の声がよせられた。

また、「考える会」は、中央図書館建設に当たって一九九〇年九月七日要望書を町長宛に提出した。その内容は①「建設委員会」の答申を尊重し早急に委員会を再開すること。②今後の図書館計画については「建設委員会」や関係団体、利用者の意見を聞くこと、③旧町役場庁舎の施設利用については、行政内部のみで拙速に結論をだすことなく、住民・専門家を含めた検討委員会を設置すること。などであった。[8]

一九九一（平成三）年九月、鶴ケ島市は市制を施行したが、「建設委員会」は「新生鶴ヶ島市の初議会で、廃止が正式に決まった。首長が変わったとたんに、一気に吹き荒れた逆風の中でのあっけない仕上げだった。」[9]

(4)　職員の配転闘争と住民の闘い

新市長の「社会教育活動全面否定」の政策により、教育委員会採用の社会教育主事、図書館司書、学芸員などの社会教育関係職員の市長部局への配転命令に対して、配転された職員のうち四名は公平委員会に対して不利益処分審査請求を行った。

公民館や図書館を通じて、これまで社会教育行政にエールを送ってきた住民からは、当然猛反発が起きた。九〇〇〇余人の署名を添えて町長・教育長に抗議し、「住民に大迷惑！」と題したニュースを全戸配布するなど職員の大量異動に反対していった。そして、市民団体や公民館・図書館利用者と職員組合等が、このまま進むと住民の学習権の危機を招くとして統一した活動を進めていくため「鶴ヶ島の社会教育と不当配転者をみんなで守る会」を結成し、住民主体の社会教育を取り戻そうと、市長・教育長交渉や議会の傍聴、ニュースの発行などの活動を行った。また、公平委員会は七回の公開口頭審理が開かれた。市側は、このような住民の怒りと要求に対しては何も反論することはできなかった。これらの市民活動は議員も動かし、議会の一般質問では毎回公平委員会を含む社会教育の問題が出され、議員の中からも一〇月の市長選挙を考えたのか、早期解決を促す発言が出始めたようだった。一九九三（平成五）年二月の第七回公開口頭審理の前後、市当局から和解の申入れがあり、四月の人事異動が近づいた三月中旬、市当局側より和解案が組合に示された。組合では、該当する職員に意見を聞き、内容について検討した上、数回の事務折衝を重ね、一九九三年三月一八日、市長・教育長・組合執行部の三者で覚書を締結した。この締結により、訴えていた当事者は人事異動内示を確認した三月二六日、公平委員会への提訴を取り下げた。一九九三年四月一日に二人が、職場の事情により遅れていた一人が七月一日に社会教育現場へ戻り、一人は県の職員となって鶴ヶ島を離れていった。三年にわたる鶴ヶ島市の社会教育職員不当配転闘争は解決した[10][11]。

3　豊かで潤いのある文化　息吹くまちづくりに向けて

(1)「実施設計」までの紆余曲折

内野市長による「建設委員会」の凍結そして廃止にたいして、住民、「考える会」、社会教育団体などから多くの抗議と中央図書館建設を求める請願や陳情が議会や町長・教育委員会に対して行われた。

市はその声に抗しきれず、中央図書館検討委員会を庁内におき極秘に一九九二（平成四）年八月「中央図書館建設検討資料」を作成しそれをもとに討議をおこなった。その結果、一九九三（平成五）年二月住民を排除した行政部内だけの中央図書館検討委員会を設け「鶴ヶ島市立中央図書館建築計画書」を作成した。この検討委員会のワーキングメンバーのひとりに現在の市長藤縄善朗氏（当時政策推進主幹）がいた。

一方、建設用地は当初旧役場庁舎が候補にあがったが、「考える会」や住民・議会からの反対で取りやめ、三ツ木字後呂三八八（現在の場所）に約九〇〇〇㎡を九二年一一月事業認定申請を行い、九三年度予算に土地開発公社貸付金として七億四五七九万一〇〇〇円を計上した。これらは、住民はおろか議会にも知らせず隠密裡にはこばれた。

そして、中央図書館建設計画は市民文化ホール併設という形を変えた案がつくられ、一九九三（平成五）年六月に市議会の全員協議会に突然姿をあらわした。さらに九月三日の全員協議会で議論が行われた。

市民文化ホール併設という案に対して、議会では隣の川越市や坂戸市に文化会館（ホール）があるのに、鶴ヶ島につくっても利用されないのではないかなどいろいろと意見が出て、また、財政上の説明も不明確だったため、その案は差し戻しになった。

(2) 新しい図書館をめざして

一九九三（平成五）年一〇月に市長選挙が行われ、社会教育の問題が一つの争点になり、社会教育の推進を掲げた品川義雄市長が当選した。新市長は「地方自治、市民自治を基にした自立、創造、変革の市政」、「市民参加による生活者優先の市政」、「情報の提供、市民との共有化による情報公開の市政」を公約した。

一一月品川新市長を迎えて、中央図書館建設の検討は加速されていった。議会では「鶴ヶ島市立中央図書館及び（仮称）鶴ヶ島市立市民文化ホール」について、議会内に九人の委員で構成された〝建設検討委員会〟を一九九三年一二月二四日に設置した。そして、〝建設検討委員会〟市執行部と建設図面、予算などの食い違いについて協議し、相違点を明確にした。

市では、見直し討議を行うため、一九九三年一二月二二日に市民の意見を聞く会を教育委員会主催で行った。市民の意見も大多数が市民文化ホールは不要というものだった。

一九九四（平成六）年一月六日の市議会全員協議会で、市民文化ホールは先送りとし、中央図書館のみの建設を進めることを議会の総意として議長名で品川市長に要望した。そして、「鶴ヶ島市立中央図書館及び（仮称）鶴ヶ島市文化市民ホールの見直しに伴う基本方針」が決定され、新たに先の「建設委員会」報告に基づいた基本構想が発表された。

その後、庁舎内に職員によるプロジェクトチームを設置し、基本構想、建設図面の見直しを行った。一月二一日、市議会〝建設検討委員会〟プロジェクトチーム、設計者による三者協議が行われた。一月二四日には専門家を含めての論議があり図面の練り直しが行われた。一月二五日には〝建設検討委員会〟プロジェクトチームの代表によって朝霞市立図書館の大澤を訪ねて意見をきいた。一月三一日プロジェクトチームの中に職員によるワーキンググループがつくられ図書館職員が正式に参加した。二月二日合同検討委員会がもたれ、図面の見直しと新たな要望を付け加えて二月三日に大澤の意見を求めた。

これによって、執行部側の案はほぼ固まり、二月四日教育委員会主催による二度目の市民の意見を聞く会がもたれた。二月七日には「考える会」、市長、教育長との懇談会がもたれ、二月二八日実施設計最終案の検討が行われた。

以上が、中央図書館建設決定までの経過である。思えば一九八五年一〇月第一回図書館まつりの開催にはじまり、八七年の図書館計画施設研究所による『鶴ヶ島の図書館計画一九八七』の策定そして八八年四月の中央図書館建設委員会の設置によって、六回にわたる検討が行われ、第一回報告書『暮らしのなかに生きる図書館―鶴ヶ島中央図書館のめざすもの―』に結実するまでの住民の運動と行政側の連帯がここに実を結んだといえよう。

その後、専門職が徐々に復帰し、住民参加の事業の再構築が進められた。館長の常勤化や専門職制度の確立も進められ、社会教育行政の後退の時代を通して、住民の主体的な学習活動の陰りも息を吹き返し、新たな活動が展開されるようになってきた。

品川市長の就任直後、松崎さん（当時はまだ保健年金課長）から、私に突然連絡があり、今から図面を送るからこれを中央図書館にふさわしい内容に修正して送って欲しいとの要請があった。明日の庁議にかけたいとのことで、明日朝までに直して送って欲しいということだった。

もらった、図面をみるとひどい配置だった。もともと、文化ホール併設をもととした図面なので図書館のことは二の次という感じの内容だった。基本設計はすでに決まっているので、それを動かさない範囲での各コーナーレイアウトには苦労した。

結果的には、現在の中央図書館の配置に落ち着いたが、書庫へのアプローチが今でも気になっている。

仕事を終えてからの作業だったので、やっと終わって、それをＦＡＸで送ったのが翌日の午前五時頃で、結局、図書館で徹夜となった。それでも、従来の図面と比べて利用者の動線は格段にあがった。

一九九五（平成七）年三月に「鶴ヶ島市総合計画・後期基本計画」が策定され、「学び、考え、行動する市民を育てる」ための条件整備が進められることになった。そのことを通して、鶴ヶ島市の社会教育は、住民に開かれた、住民参加による「まちづくり、ひとづくり」に取り組み、四年間で後退した社会教育を、真の住民主体の社会教育として取り戻していくために住民と職員が連携・協力していく態勢が整った。

その私が関わった図面の図書館に、後日私が図書館長として赴任するとは思っても見なかった。

4　開館準備作業

(1)　図書発注先と整理・装備業者の決定

開館準備は、まず整理基準の作成、図書発注先と委託整理・装備業者の決定の手続きがある。これと平行して購入資料の選定は職員全部でかかるほどの大仕事である。

新館準備で、あまり考えず開館のみを目的とした図書館は、分類基準、マーク（機械可読目録）は業者まかせになっていて内容がどうあろうと、細目のきり出し*ができなかろうとあまり問題としない。マークのフォーマットや書誌階層もすべて業者まかせにやっている。購入した資料にはデータがついてくるので、マークがついてない資料は購入しない。したがって、利用者からリクエストがあっても検索は十分でなく、資料の入荷も三か月ぐらいずれるのはざらである。

＊細目の切り出し＝当時のコンピュータは容量も少なく、今みたいに全ての「用語」や「語句」を自動的に切り出すことができなかった。したがって全集や双書の細目（収録されている個々のタイトル／例、『夏目漱石全

集』に収録されている「坊ちゃん」、「我が輩は猫である」などの個々のタイトル）、一般書の目次や章などの見出しなどをコンピュータで検索できるように、フォーマットの決められたエリアに書き込んでおく作業（『みなの図書館』二〇一四年三月号　五六〜五七頁参照）。

鶴ヶ島の中央図書館建設準備室（以下「準備室」）は私が赴任する前の年、一九九四（平成六）年につくられていて、行政から主幹（社教主事）を含めて係長と係員で三人。図書館から司書の主査と係員三人で四人の計七人で準備作業を始めていた。彼らは中央図書館という市全体の図書館組織の開館準備ははじめてのようだった。

分室にはそれぞれ司書がいて、日常業務をやっている。準備室は九五年四月一日に私が加わって八人となった。

私が四月に就任してまず驚いたのは、本の購入の方法だった。本は、二万冊を一九九四年度に買ってあった（それ以前からのをいれて新刊三万冊）。しかし、買い方の中身を見るとTRCのストックブックとベル便*の全点買いをしていた。その他は『TRC YEARS BOOK』の九〇〜九四年版で選んでいる。もちろん、全点買いは悪くはない。予算もあるし、開館準備なのだから。TRCが選ぶのに悪い本は無いだろうと私も思った。

私は早速、主幹に命じて、昨年選定のリストを用意するように指示した。選定した資料は、すでに整理装備、三〇〜四〇冊くらい段ボールの箱に収納されて、TRCの保管庫に保存されていた。購入リストはその箱の中にあり、それをひとつずつあけて取り出すのは容易ではなく、不可能なことだと、ＴＲＣの担当者がいってきたとのことだった。

そこで私は、ＴＲＣは購入済みの図書は多分データ管理していて、マークが決定したらそれに併せてデータ入力に入るのではと思い、それを伝えたら、ＴＲＣの返事としてはマークの購入が決定してないので、データは無いとの返事だった。

私は、購入した図書はどこでもデータ管理しているわけなので、そんなことはないわけだと、ＴＲＣの本社に掛け合ってそのことを言うとＴＲＣの担当者はしぶしぶできる旨を伝えてきた。

＊ＴＲＣのストックブックとベル便＝ＴＲＣ（図書館流通センター）が公立図書館に新刊図書を素早く供給する制度。
〈ベル便〉新刊急行ベルはベストセラーをはじめ、発売後では入手が難しい図書も含め、図書館と利用者が必要とする図書を、出版社・取次店と協力して、いち早く・より簡単に・より確実にお届け可能にいたしました。

ベルに選ばれる図書は公益財団法人 図書館振興財団 が主宰する「新刊選書委員会」からのご意見をもとに選定します。

〈ストック・ブックス〉書籍を確実に在庫し、迅速に図書館へお届けするためのシステムです。『週刊新刊全点案内』掲載から一〇週間在庫しご発注に応じて装備、最短一週間でお届けします。

〈ＴＲＣホームページより〉

(2) 購入図書の点検と蔵書構成・選書のあり方

ＴＲＣという会社は、この図書館は準備になれていないとわかると、高額のものを売りつけたりということを従来から行っていた。鶴ヶ島もそのように見られていたらしく、本に貼るバーコード・ラベルは当時一枚二〇円をＴＲＣに払っていた。日常的な装備は別として、開館準備など大量に図書を購入し装備をお願いする場合は貼付代のみでラベル代は普通装備費に含まれているのが一般的だった。朝霞ではラベルは一枚四円で購入し（少ない場合は自館でプリントアウトしていた。）、整理業者に渡して一枚四円ではってもらっていた。したがって一枚二〇円というのはべらぼうに高かった。

ＴＲＣはあきらかに、私が行くまでは、鶴ヶ島図書館の足元をみていた。

それで、昨年、購入した図書のリストを出版社の五〇音順で、その中をさらに書名の五十音順でリストを打ち出すように頼んだ。それも、ＴＲＣの担当者はぶつぶついいながら渋っていたが、最後にはＡ３の横書きで打ち出したものが送られてきた。厚さは約一〇㎝くらいあった。

それを選んだ職員はいやな顔をしていた。新しくきた館長は自分たちが選んだ本を全部チェックするというのだから。私はそのリストを三日くらいかけて、全部一冊一冊チェックして付箋をつけていった。

たとえば、続刊本で、一巻と三巻は入っているのに二巻が抜けているとか、完結したものは揃いで入れるのは常識だ。普通、装備会社では続刊本（一・二・三…、上・中・下などの続いて出版される本＝全集などは必ずしも発刊番号順に出るとは限らない。）は開館準備の館など急がない場合は、揃うまで留めておいて揃ってから納入するところが普通だった。開館してしまったら、それぞれの館が続刊本管理をやっていく。ＴＲＣにも「継続本」の扱いはあった。

中身をみると高い本が随分とあった。たとえば、一冊四万四〇〇〇円もする夏目漱石の『自筆原稿』の複製版という高価な五巻セット本、一八万円もするフランス革命時代のパリ市の古地図の復刻版がある。だいたいそのようにやって全部見ていって付箋がいっぱいつきチェックは終わった。

ＴＲＣという会社のベル便、ストック・ブックを掲載している『週刊新刊全点案内』には後方に高額本やすでに出版された図書が掲載されており全点買いを行うと必然的に高価本や在庫本を購入することになるのだった。

「夏目漱石の直筆原稿本がうちの図書館で必要か」と職員に尋ねた。しかも、人口六万五〇〇〇人、全体蔵書が二〇万冊（開館当初約一三万冊予定）ぐらいの市立の図書館で、夏目漱石の自筆原稿やフランス革命時代のパリ市の地図などがなぜ必要なのかと。「べつに、あなたたちにどうのこうのというつもりはないけれど」、図書館で本を買うということは、「どういうことか」という話をした。

一冊一冊吟味するということ、特に参考図書や高価本はそれが活きるように参考図書や類書、それに関係書をかなり揃えることが大事で、そうしないとそれらの本は活きない。このような特殊な本があるとかなりの蔵書規模が求められる。図書館で本を選ぶというのは、自分たちの考え方で本を選ばなければならないわけだから、一〇年先二〇年先など全体の蔵書構成を考えて選ぶことが大切だ、と力説した。

例えば、夏目漱石の自筆本を入れるとなると、夏目漱石の研究書などを相当量入れることになる。また、フランス革命時代のパリの古地図があるということは、フランス革命に関する専門書はもちろんのこと、中世や近現代のフランスの歴史・政治の本が必要となり、この図書館はフランス文献の専門図書館ということになる。

そういう意味から、自分たち自身がこの図書館をどう計画し、つくっていくのかは蔵書で決まるのだということを話した。そして、そういうところから論議していく必要があるだろう。

去年買った本についてはとやかく言わないけれども、ことしから買う本については、気をつけて欲しいという話をした。

そこで、朝霞でやったように、日本にはおおよそ二〇〇〇（当時）の出版社がある。だけど、そのなかで、大体私たちが買うのは二・三割くらいとみて、約四〇〇～六〇〇社くらいからの出版目録を取り寄せどういう本を出しているかということを調べた上でそれらのチェックを行った。

これをやると開館までに間に合うかなという心配もあったが、職員自身がこういうことをやることによって、たとえば、この出版社では、こういう本を出しているということがわかる。

同じ内容でもこの出版社の方がすぐれている。また、うちの図書館の規模ではこれはいらないなど、いままで、図書館業務をやっているからある程度はわかっていると思ったので、それを網羅的にやることが非常に大事なことなので、そのようなかたちをとった。

(3)　開館準備は図書館主導で

そこで、話をもとに戻して、新しく図書館をつくるということのなかで、本当に簡単に、ある便利な業者におまかせをしてしまう。マークはすでにＴＲＣに決めかかっていた。なぜマークはＴＲＣなのか聞くと近隣の図書館が全部ＴＲＣをつかっているので、オンラインが引かれたときに同じマークの方がお互いにやりやすいからというＴＲＣのアドバイスが理由であった。

そんなことは理由にならない。ということで、大阪屋と日販とＴＲＣとを全部調べさせて、比較表を作らせた。職員は去年ＴＲＣと決めたのに、いまここえきてひっくり返すのはどうなのだろう。しかも、ＴＲＣの倉庫には三万冊の本をあずけてある。職員は戸惑った。館長はいったいなにを考えているのだろうと思っているらしい。

お役人的発想でいけば無難な道がいいにきまっている。選書もマークも大きなところにまかせておけば安心。図書館自身が安きにながれるというか、そういうふうになってしまっていた。

当時、新しい図書館がその後どんどんできているが、実際にはそのような実体がかなり多い。

そうなってくると、理事者からみれば、職員はべつに正規の司書でなくてもいい。委託や嘱託の司書職員の方が安くつく、開館準備の時にうちはいま何億円の予算がある。だから、三年後に開館したいので本を集めて整理してください。それから、建物については図書館関係の建築家にたのみます。ということになれば、図書館はどうにかできるわけである。

最近の新しい建物や施設設備はそれほどひどいものはない、建築界が図書館施設についてはかなり研究してきている。それに一定の資料費を投入すれば、それ相当の図書館は開館できる。しかし、果たしてそういうことでいいのかという問題がある。開館して、三年、五年経ち一〇年経ったときにその図書館はどういう図書館になったかということがそのときになって明らかになってくるものと思う。その時に住民利用者は本当にいい図書館になったかどうか判断できるのである。[12]

5　図書館市民懇談会

鶴ヶ島市中央図書館建設は、一九九四（平成六）年四月に開館準備室ができて開館に向けて動き出した。

七月「図書館市民懇談会」（以下「懇談会」）の設置を決め、委員を公募した。委員は無報酬で、任期は中央図書館開館までということだった。

募集人員は一〇名。応募者は、「鶴ヶ島の図書館と私の願い」という題で八〇〇字程度の小論文をそえて応募とのことだった。

これは「図書館が市民の暮らしに役立つものにするためには、幅広い市民の声を図書館運営に生かすことが必要」とし、市民参加の図書館づくりの新しい形態だった。応募者は二四名だった。市は一〇名ということだったが、多い方が多くの意見が集まると、応募者全員を委員に委嘱した。

懇談会は、一九九四年八月に第一回が開催され一九九六（平成八）年七月まで延べ一五回開かれた。そして三回にわたって提言（意見）書を提出した。

私は、一九九五（平成七）年四月に就任して、五月二一日第七回懇談会にはじめて出席した。

懇談会のメンバーは、新しくきた館長が運営についてどういう方向性を出すのか、好奇と期待の目で私の図書館運営についての説明を聞いていた。

メンバーの一部の人は、かつて、建設委員会でご一緒した人たちもおり、また朝霞市立図書館なども丹念に見にこられたので、私が知っている方もいた。

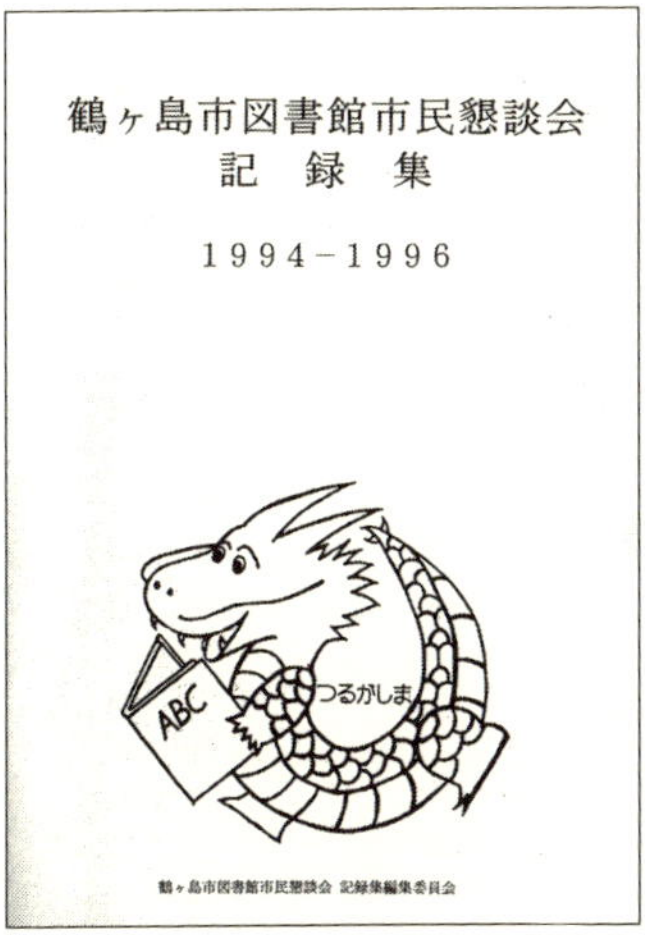

全戸に配られたチラシ

(1)「懇談会」の提言と論議

「市民懇談会」の「会議には図書館長、副主幹が必ず出席」し、と要綱にあり、市教委及び図書館に対する三回の提言について論議が行われた。

また「懇談会」は先進図書館の視察や現職の図書館員、図書館の専門家などをよんでの学習会を開き精力的に活動した。

一九九五年一月の阪神淡路大震災があった直後だけに施設の耐震については、すでに着工されていた躯体や構造の補強にも大きな関心が寄せられた。この点については私の就任前の三月議会でも多くの質問がよせられたという。

第一回の意見書は、一九九五年三月、図書館の施設・設備、開館日と開館時間の見直し、資料収集方針、コピー料金の値下げ、コンピュータシステムの分室・小中学校などとのネットワーク化、近隣図書館の広域利用、障害者サービスの充実、図書館専門職員の十分な配置と研修の強化、移動図書館車、資料配送車の設置、中央図書館への巡回バスの運行、自転車利用者の交通安全など三二項目にわたる提言を行った。

第二回意見書は一九九六（平成八）年度予算編成に関わる提言として一九九五年一〇月に提出された。中央図書館の毎日開館と土・日の開館時間延長、分室の毎日開館と土・日の時間延長、休館日を全館一斉でなく一～二館ずらすこと、福祉施設・病院などへの集団貸出し、在宅療養者・障害者・寝たきり者への個人配本、司書制度の確立と研修機会の保障、図書館専門職員の増員、公衆ＦＡＸの設置など一四項目を要望し、併せて、懇談会ＰＲ小委員会から開館行事実行委員会、図書館のマスコットキャラクターを公募で募ること、アンケート小委員会から、懇談会で検討した市民アンケート実施要領とアンケート案を参考に早急にアンケートを実施するように提言された。

第三回意見書は、開館日の属する一九九六（平成八）年度予算が確定した段階で、一九九六年六月に提出し、予算化されない事項のさらなる努力を求めた。中央図書館開館時間をさらに延長すること、分館・分室機能の拡充、ブックモービルの設置、コンピュータシステムの改善、ブックポストの駅設置、法定の図書館運営協議会の人選と運営、障害をもつ利用者のための設備上の問題点の改善、学校図書館にコンピュータ端末の設置、藤小学校地域への図書館サービスの拡充、図書館職員の増員、図書館の広域利用、市民への図書館利用アンケートを開館後も定期的に実施することなど二四項目についての提言があった。

(2)　施設・設備の改善

第一回の提言では会員全体からの要望や意見がよせられたが、図書館長が参加した協議で回を重ねるにしたがって、内容が精査され、また、教委や図書館側との協議のうえから、最終的には①施設建設に組み込めるもの、②開館までに実施できるもの、③開館後の状況を見て実施するものと大きく三つに分けてまとめられた。

「懇談会」での論議は、住民が今まで図書館を利用してきた体験から生まれたものであり、どれも切実で必要なものであった。

しかし、基本設計については、住民を排除した図書館を理解してない庁内の建設委員会でまとめ、すでに設計者も決定していたため、懇談会の要望が施設設備的にすでに不可能というものも随分とあった。

施設設備関係は、設計から落ちている物を拾いだし、工事上可能な限り設計者にお願いした。特に、構造面や水回りなどは最初に決められてしまうので、実施設計ではどうしようもなかった。例えば、対面朗読室、授乳室、障害者専用トイレのオストメイト設置、利用者用談話室、飲食が提供できる設備（これなんかは、喫茶・軽食の提供の要望があとから出てきた）。それから、書庫からカウンターへの動線が屈曲していて資料の出し入れに時間がかかるような設計。また、書庫は二層式だったが、二層目は予算がつかず書架の設置は見送られた。これも、一緒に工事をやった方が数倍も安くつくのにそれも入っていなかった。

さらに、西側の駐車場から館内への入口は事務用しかなく、利用者が図書館に直接入れる通用口などが欲しかった。

その他の施設上の問題は、保育室は間仕切りで、書架補強（書架転倒防止アーム）は実施設計で行う事ができた。漫画コーナーやＡＶブース、ＣＤ、ビデオテープ架等は備品で設けた。

特に、懇談会の提言で取り入れた物としては、耳の不自由な方、言語が話せない障害の方からの提言で、緊急の際の通知連絡としてのフラッシュ・ライトと電光掲示板の設置だった。印刷室は公民館でもおなじみなので、事務室内の印刷室に外側にもドアをつけて利用者が容易に利用できるようにした。

最後まで、できなかったのは対面朗読室で、録音室のなかに遮音ブース（音楽の練習や録音にための個室）を置くことで設置できたのが、私が退職する直前にできるという時間のかかりようだった。

(3) 開館時間と職員態勢

施設設備以外の要望については、開館時間の延長、特に分室が問題だった。職員配置との関係で、全てが毎日開館していなかった。

時間は全分室一〇時から一七時までの開館で、例えば、南分室は水・土・日、北は火・金・土、東は水・金・土、富士見は火・水・土、大橋は火・木・土、西は水・木・土で、分室で日曜日が開館しているのは南分室だけだった。したがって、それぞれ空いてない日は、他の分室の勤務、中央ができてからは、日曜日を含めて中央勤務のシフトにするなど、職員の配置には頭を悩ませられた。

それでも、中央館が開館してからは、市内七つの拠点を利用できるなど便利になった。

開館当初の職員数は全体で四七名（内訳正規二五名、嘱託五名、臨時一七名）だった。開館後、学校図書館担当職員が一名嘱託で配置された。

(4) 新中央館へのアクセスとイメージ・キャラクター

鶴ケ島市の面積は一七・七㎢と狭いが、鉄道はすべて市の周辺部（隣接市との境界近く）を走っており、各駅から図書館までの徒歩時間は一時間以上かかる始末だった。公共交通のバスは川越市と坂戸市に近い部分しか走っていないため、町の中央部分に位置する図書館へのアクセスは非常にわるかった。

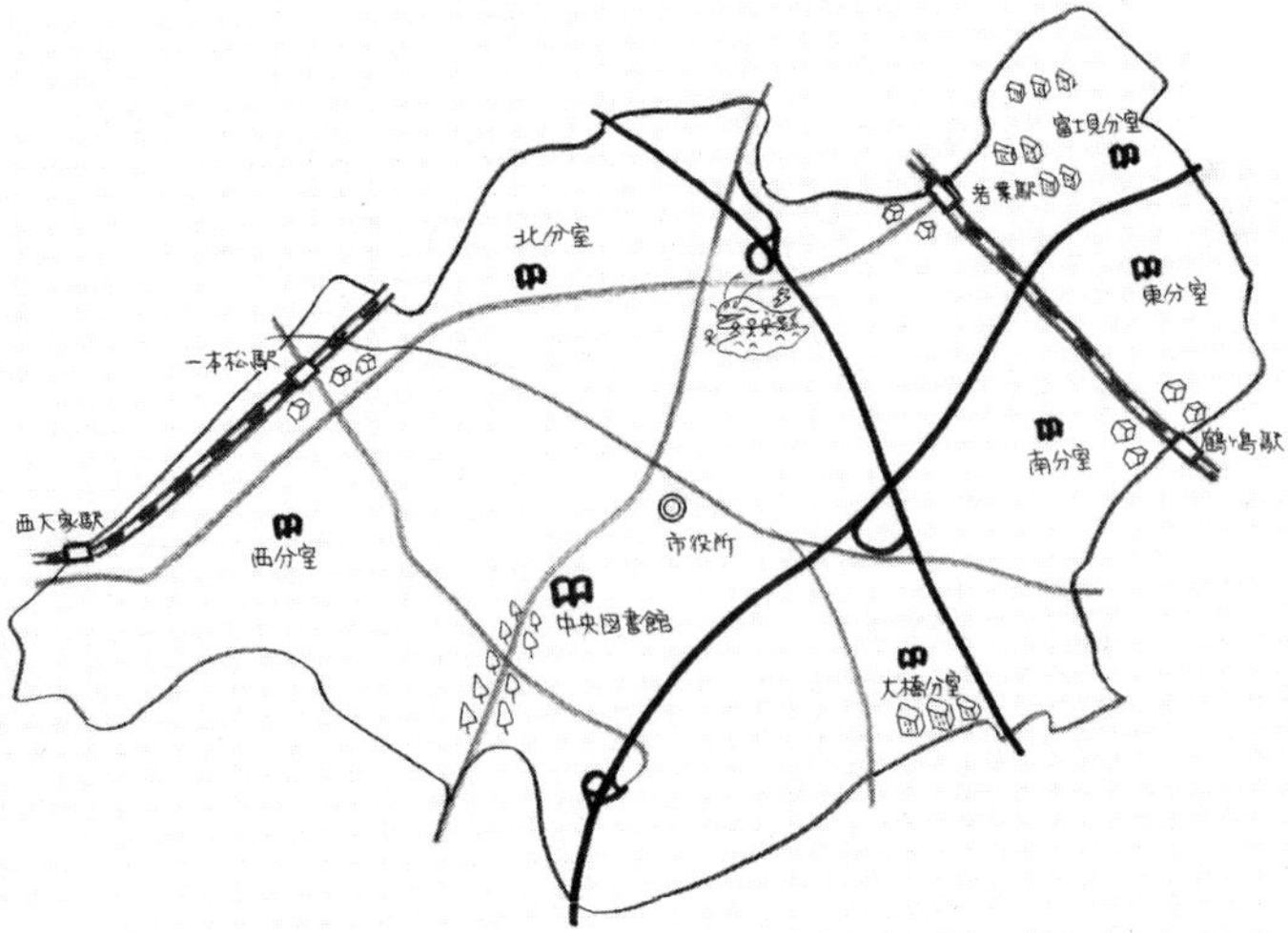

鶴ヶ島市の図書館地図

図書館へのアクセスの要望は、市内循環バスを走らせることによって、二系統のバスが図書館前にとまるようになり、他の三コースも市役所は止まるので、そこから歩いて五分くらいで来られるようになった。それでも、開館当初はまだコースの運行が十分ではなかった。

キャラクターについては、市民に公募して龍をかたどった「ロンちゃん」が決まった。

鶴ケ島では四年毎の、八月に伝統行事脚折《すねおり》の雨乞い祭り「龍神祭」がおこなわれ、藁と竹でつくった長さ三六m、重さ三トンもある大きな龍をまちの中央にある雷電池《かんだちいけ》まで数百人の人が二kmの道をかついで練り歩くという豪壮な行事がある。「ロンちゃん」はこの龍神にもあやかるということと、開館の年がたまたま辰年ということもあって、可愛い龍のマスコットになった。

龍《ろん》ちゃん
イメージキャラクター

6　順調に進む開設準備

開館のための資料選定は九四年度から行われていて、九六年度に入ってからは主に新刊やレファレンス・ブック、生活実用書・旅行ガイドブック、コンピュータ関係などに集中し、視聴覚資料とあわせて選定は順調に行われていった。

一方、工事も順調に進み、書架や家具の設計レイアウトにはいった。書架や家具は日本ファイリングが担当してくれて、私が提案したストッパー付きの書棚を考案してくれた。机や椅子も頑丈で長期の使用に耐えるものを考案してくれた。図書館用品やブックトラックなどはスウェーデン製を購入した。当時は円高で国内製より安く手に入ったし、その使い勝手と機能性は前年私がスウェーデンの図書館を視察しての保障ずみだった。

コンピュータ導入についても、庁内で検討委員会を組織し、そこで審議した結果、分館が多いことからネットワークにすぐれたＵＮＩＸ系のクライアント・サーバ方式のＥＬＩＳＥ（Electronic Library Information SystEm）にした。当時の専用回線は六四kpsで公衆回線はＩＳＤＮだった。このサーバーは、中小図書館向けに開発したもので、メインサーバのＨＤはツイン方式で一つの容量は四・三Gbだった。それでも、当時としては小型ながら他機種と較べて性能が優れていた。

（1）ＰＲ大作戦

新しく図書館を開設するには、まず、住民に図書館の場所やその内容を知ってもらうことが大切である。私は練馬区立大泉図書館開設にむけて職員全員で開館案内チラシの配布をやった経験があった。

中央図書館準備室では、副館長が音頭をとって、開館までに利用登録者一万人をめざして、二万枚のチラシをつくり、ＰＲをおこなった。職員全員が取り組むように『図書館利用者一万人作戦ニュース』をつくり、その第一号は一九九六（平成八）年八月二一日に発行され、そこには八月八日現在で六六〇〇人「前年度末登録者数の六五％」を獲得と報じ、さらに富士見分室では二〇〇〇人を突破したと各職場ごとの状況を報じ競わせた。

そして、商店や事務所、駅頭や各家庭に登録申込みがついた開館案内のチラシを社会教育課や公民館職員の援助を得て宣伝を行った。このチラシ配りには「考える会」の人たちや「懇談会」の人たちも参加してくれた。

①駅頭ビラ撒き　市内には、四駅が接しており、各駅を職員で手分けして夕方開館チラシをくばった。夕方としたのは、朝はみんな忙しいのでゆっくりビラを受取る余裕がないのと、あわよくば電車内で読まれることがあっても捨てられる確立が多いのではと思った。したがって、都心から帰ってくる人たちは六時半から七時半くらいに集中するので、受取ったビラはだいた

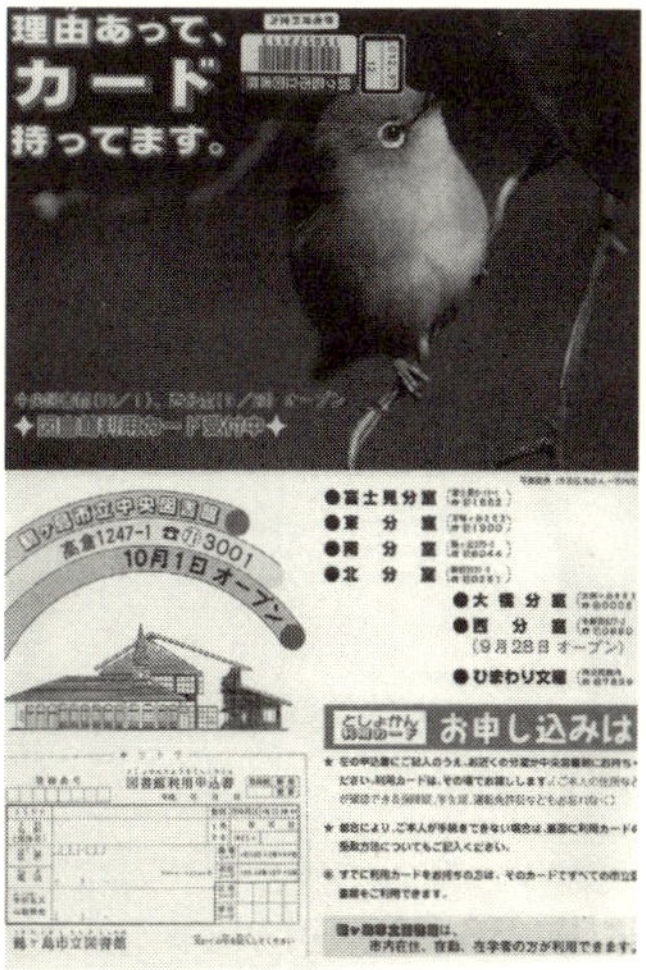

利用者登録を勧めるチラシ

い家に持って帰るという予想を立てての行動だった。

これが、当って登録申込書つきチラシは各家庭にもちこまれていった。

そのときのエピソードで、鶴ヶ島駅頭でビラをまいているとき、ちょうどラーメン屋さんが同じく開店お知らせのビラを配っていた。図書館は幟にロンちゃん（龍のマーク）がついているので、駅から掃き出されて来る人はラーメン屋の宣伝だと思ったという話があった。

②自動車のカタログを　図書館は国道四〇七号線沿いにあり、この道路は入間から熊谷に抜ける幹線道路のため沿線には食事のドライブインや車の販売店が目白押しに並んでいた。宣伝のために職員の一人がある自動車の販売店に入って開館の話をしたところ、そこの販売員がうちの車のカタログを置かせてくれるかと質問され、その職員から館長宛に電話でそれを置くことができるかと問い合わせてきた。私は、即座に自動車のカタログを置くことを承諾した。

私の脳裏には、かつて訪れたカナダ・トロントのレファレンスライブラリーの自動車関係のコーナーで、トヨペットの修理マニュアルが五〇年代から保存されていることを思い出し、トロントにはかなわないが、五〇年先、一〇〇年先の日本の自動車を振り返ってみることができる貴重な資料になると、とっさに思って応諾の返事をした。

③体育祭での宣伝　鶴ケ島市は、秋になると四地区に分かれて体育祭を開くのが恒例だった。この体育祭には、多くの市民が参加し、秋の一日を楽しんだ。

図書館はそれに目を付けて、それぞれの会場に職員を数名づつ派遣して、図書館の幟（これにはトレードマークのロンちゃんが描かれている）を会場の隅に立てて、図書館の登録受付をおこなった。

会場に来る人は最初は怪訝な面持ちで、「なんで図書館がきているのか？」といっていたが、図書館の登録受付と知ると登録をする人、図書館の様子をきく人などが集まってきて、体育祭の終わり頃はかなりの人に取り囲まれた。

また、体育祭には決まって各会場に地元の有力者や議員、市の三役が挨拶に回るなどした。かれらは、図書館が幟をたてて宣伝活動をしているのを見て、図書館も頑張ってるなという印象を持つと同時にいろいろな階層の人が利用できることも知ったようだった。

(2)　利用サービス資料数等の内容

貸出冊数は各分室とも一回の貸出冊数は五点だったが中央図書館開館に併せて一〇点とし、貸出期間は練馬区、朝霞市にならって三週間とした。さらに、従来は近隣自治体住民も市民と同等の扱いで利用させていたが、視聴覚資料の貸出は市内在住在勤在学者に限定した。さらに、逐次刊行物についても差別化をはかった。これによって、川越市の住民から沢山の苦情が寄せられた。川越市は人口三〇万人で鶴ケ島市の五倍の人口を擁し予算規模も大きかったが、当時、図書館は中央部に一館のみだった。

特に、入間川以西の住民は川越市の中央部にある図書館より鶴ヶ島を利用する方が便利だった。しかし、鶴ケ島市の財政で運営する鶴ヶ島市の図書館には人口財政規模の大きな近隣市の住民にサービスする余裕はなかった。

これらの結果、川越市の入間川以西に図書館を作る会が発足し、その会長に私の古い友人である元国立国会図書館員の丸山泰通氏が就任していた。その後、数年後に川越市西図書館が小学校との併設でつくられ開館した。

鶴ヶ島の資料費は開館前年の九五年は二億一三〇〇万円、開館年の九六年には一億七七六〇万円で、開館後は年間七〇〇〇万円が維持されていった。住民一人当たり一一六〇円だった。市の図書館に対する期待の大きさがうかがえた。

開館時の資料数は、全館で一般用図書二〇万八〇〇〇冊、児童用図書八万一二〇〇冊、紙芝居二八八一点、雑誌は五三七（中央館）タイトル、新聞四一紙、視聴覚資料はＬＤ（レーザーディスク）、ＶＴ、ＣＤで一万四〇〇〇タイトルあった。

資料の配置は朝霞に学んで一般用図書は、実用書と一般書をわけて配列し、懇談会の要望などから、点字図書・拡大写本や環境・女性コーナーを設けた。その他漫画コーナーも青少年コーナーの一隅に設けた。

(3)　建物の周囲の環境整備と芸術作品の展示

中央館開館に向けて、小学生による芸術作品の募集を行い、絵画や彫像・彫刻を市内の美術家連盟の選定で選んでもらい、また、市内美術家から絵画や彫像・彫刻が寄贈・寄託された。

小学生絵画の一等入選は陶画に焼いて玄関ホール正面に壁画として飾った。その他の入選画は館内のあちこちに展示された。入選の彫像は、南側の庭園テラスに名前をつけて飾られた。いずれも子どもの独創性を生かした優れた作品ばかりだった。

建物周囲には緑地帯を配し、特に南面には池と小川をつくり井戸からくみ上げた水を流して、ビオトープとした。開館後しばらくして、池にはウグイやイワナを放した。池や小川の小動物を狙ってかわせみなど小鳥が集まってきて、やがて、かる鴨が毎年営巣し、春には雛が生まれるようになった。

小川の外側に沿って約五〇〇ｍの遊歩道が東の駐車場から南側の植え込みを抜けて西側の駐車場に至り、植え込みの外れに東屋が造られた。

小川には蛍を育成しようと副館長の肝いりで、餌になるカワニナを集めて流した。開館後数年は毎年夏の夜図書館の庭で蛍を見る会などを催した。

7　開館式

開館式は、一九九六（平成八）年九月二八日の午後に行われた。テープカット式典の後館内見学会を行った。

テープカットには市長、市議会議長、教育長のほか、長い間図書館づくり運動を行ってきた元鶴ヶ島の図書館を考える会々長、市民懇談会の栗原進会長と同じく懇談会メンバーで、開館記念行事実行委員会委員長の菊池宇恵子さん、地元第一小学校の一年生の児童男女二人が参加した。また、県立鶴ヶ島高校の太鼓部がにぎやかに祝いの太鼓を披露した。

来賓には、市議会議長、知事、地元県会議員、東京防衛施設局長、日本図書館協会からは酒川玲子事務局長が出席しそれぞれ祝辞をのべた。

特にこの開館を待ち望んでいた元「考える会」のメンバーは一〇数年にわたる紆余曲折の結果での開館は胸に迫るもがあった。

開館式の建設経過報告のむすびに私は館長としての決意を次のように述べた。

開館式の模様

「今日、地方分権が叫ばれております。地方自治体が自らの意志を主張でき、その権利を獲得するためには自立した市民の支えが必要です。図書館は市民に知識と情報を提供し、市民はそれらの知識や情報を自らのものとして生活に役立て、自らの意志で行動する。このように、市民が主体的に生きるための手助けをするのが図書館の役目であります。

鶴ヶ島市の図書館は『暮らしの中に生きる図書館』として、日本国憲法、教育基本法、社会教育法の平和と民主主義の理念を受けた図書館法の趣旨を運営に活かすよう努力し、『生活に潤いを与え、市民の暮らしに役立つ図書館』を市民のみなさんとともにつくりあげていきたいと思います。そして、明日の鶴ヶ島市をさらに発展させるため、図書館がその一翼をになっていきたいと思います。」（一九九六年一〇月開館式の館長の建設経過報告）

8　開館後の中央図書館

図書館は地理的には不便なところにあり、自動車か自転車でなければこられないところに位置していた。それだけに、市は市内循環バスを早急に巡回させる必要に迫られていた。

それだけに、車による家族そろっての来館が増え、東西二か所に一五〇台の駐車場がまにあわず建物の北側の道路を越えた農地を借りてさらに五〇台ふやした。

鶴ヶ島市立図書館運営の方向
――暮らしのなかに生きる図書館（広場としての図書館）――

i.　住民の学ぶ権利を保障する図書館
住民の知的要求に応える
住民の誰でもが利用できる
図書館組織網による一体的運営

ii.　社会教育学習のネットワークに支えられた図書館
公民館、働く婦人の家など、市内の教育・文化・社会福祉施設との連携
各種学校図書館との連携と小中学校児童生徒に対する援助
図書館を拠点とした新しい社会教育活動の創造

iii. 住民の参加する図書館
住民の声が反映する図書館協議会運営
図書館を支える各種団体との連携
利用者懇談会の定期化

iv. 住民とともに歩む専門的な職員集団の形成
人間性が豊かで専門的な教育を受けた図書館司書及び専門的教育職員の配置
専門性を制度で支える条例規則の整備
職員一人一人の能力を活かし、住民との関わりのなかで図書館員としての資質を育てる

v. 文化の息吹く町づくりの一環としての図書館
住民同士が気軽にふれあえる場としての図書館
広場として集い学びあえる場としての図書館
地域や町の発展を支え、新しい文化を創造する場としての図書館

(1)　開館行事

利用は連日増えて行き，特に日曜や休日は広い館内が利用者でいっぱいになるという盛況だった。

二階の展示室には連日展示や催しが行われた。

開館記念講演には、俳優・監督の山村聰さんの講演が行われた。山村聰さんは映画「蟹工船」では俳優・監督を行った。また、講演に先立って映画『黒い潮』を上映した。これは山村さんの若き日の作品で一九四九年に発生した「下山事件」をモデルにした不審死事件を追う新聞記者の奮闘を描く社会派映画であった。この映画では山村は男優主演賞をもらっている。山村さんが講演した時は八六歳だったが矍鑠《かくしゃく》としていた。

日曜日には、図書館の前広場では日曜市が開かれた。農協主催の朝採り野菜の廉売会、市内にある県立農業大学による庭木の手入れ講習会、公民館で活動している団体のバザーなどが毎週、主催者や中身を変えて催されていた。

(2)　東屋を囲んでのバーベキュー大会

西側駐車場に近いところに東屋がある。そこを中心にして、駐車場や遊歩道使いながらバーベキュー大会が開かれた。材料は、隣町にあるサイボクハムから沢山の寄付をいただいた。ここの社長が当時日高市の図書館協議会委員をしており、一度視察に見えたのがきっかけとなって鶴ヶ島の図書館を気に入り、私と昵懇の仲だった。

バーベキュー大会は、「考える会」「懇談会」のメンバーが中心となって、市長、市議なども招待し一般住民や利用者も参加して盛況だった。図書館は秋の夜長を市民のにぎやかな声に包まれた。

(3)　利用の状況

中央図書館は一九九六年一〇月に開館した。中央図書館と各分室を含めた状況は以下のとおりである。

9　票になる図書館

(1)　市長選挙の争点が図書館

一九九七年品川義雄市長二期目の選挙が一〇月におこなわれた。市長の任期は一一月四日で

利用状況

中央図書館	1996 年度（平成 8 年）	1997 年度（平成 9 年）
開館日数	131	270
利用人数	73,415	186,823
貸出点数	299,364	824,945 （うち広域 127,283）
全体（含分室）	**96 年度の利用状況**	**97 年度の利用状況**
延開館日数	885	1,162
利用人数	131,949	233,773
貸出点数	523,219	1,022,224 （うち広域 141,781）

ある。相手候補は、県会議員の金子圭典氏だった。品川市長は一期の実績に、中央図書館建設と六館の分室とのネットワーク構築の成果をかたり、憲法・市民自治を基本とした市民参加による生活者優先の政治をめざした。さらに若葉駅西口開発、環境問題と緑の保全、農家の所得の向上を公約に掲げて二期目の選挙に挑もうとしていた。

相手候補の金子氏は県会議員を五期務めた政治のベテランで、公平公正な市政運営と行財政改革による効率的予算執行、快適な環境づくり、福祉・教育の充実をかかげた。彼は品川市長の実績である中央図書館建設は金をかけすぎた無駄使いだと非難した。

したがって、結果的には図書館を巡っての選挙戦となった。結果は接戦だったが、品川市長が一万三〇八九票、金子氏が一万二三五二票で、品川市が再選された。図書館が市民みんなから支持されたことだった。

(2) 西分室の建設

西公民館の建物は狭隘で古く他の地区と較べて図書館はなく、「ひまわり文庫」が土日開いていた。地域の住民からは他の分室のように早く新しい図書館施設の要望があった。これらの要望にそって西公民館内に西分室は九六年九月に小さな図書室が開館した。それと併せて、西公民館で一九八五年から貸出しと読み聞かせをしてきた「ひまわり文庫」の歴史は幕を閉じた。「ひまわり文庫」は閉鎖されたが、新しい図書館の要望は依然強かった。この地区は区画整理区域になっており、それが終わるまでは本格的な新しい施設はできない状態だった。

また、西公民館には地域のお母さんたちからの要望もつよかった。

その後、市議会議員選挙があり、地元選出の議員が選挙用部内チラシに図書館長とのツーショットを欲しいと言ってきた。私は、館長という立場は公務員なので特定の候補者の選挙ビラに顔写真を候補者と一緒ではまずいんではないかと、その旨を伝えて断った。それでも、地域で図書館づくりを住民に示すためにも是非館長の写真が欲しいということだった。それも、図書館の宣伝になることだと思った。

そこで、私は一計を案じ、「本の森づくりについて図書館長と語る」というキャプションをつけて、議員候補は正面を向いて、わたしは横顔を見せるということではどうかというと、その議員はポケットからインスタントカメラを取り出して、職員に撮ってもらうように頼んだ。

その後、無事に再選されたとの挨拶状とそのチラシを送られてきた。

やがて、区画整理もおわり二〇〇二年西公民館と併設の西分館が新たに開館した。

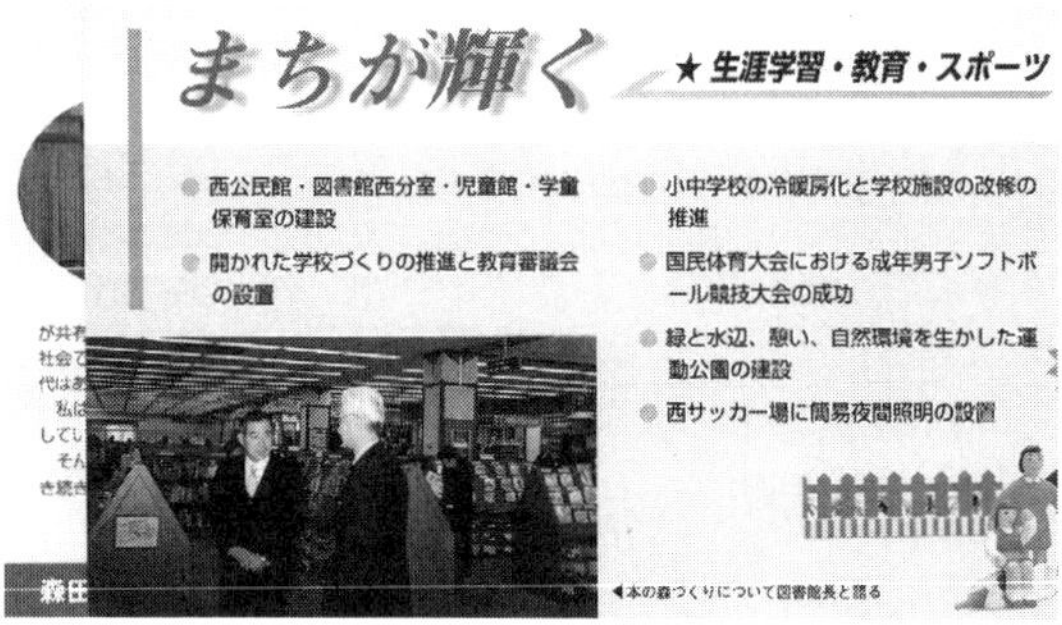

議員の選挙チラシ（右側著者）

10　鶴ヶ島・本の森を育てる会

一九九六年一〇月「鶴ヶ島市立中央図書館」が開館し、鶴ヶ島の図書館体制は中央図書館を中心として六図書館分室（東・西・南・北・富士見・大橋）のネットワークが出来上がった。図書館づくり運動を行ってきた「鶴ヶ島の図書館を考える会」はその思いを次のように述べている。

「『考える会』にとって『中央図書館』の完成とは…それは順風満帆の船出であった一九八六年五月の発足からおよそ一〇年、その中葉において『中央図書館建設』を巡る紆余曲折の道程に翻弄され、熾烈な建設運動にのめり込んでいった、そんな〝負の思い〟を一気に掻き消す、念願かなった夢のような出来事であったことは事実であろう。とは言え、ここに費やした一〇年の歳月と、そこに会のすべてのエネルギーを投入し、そして得たものとは一体全体何であったのか？　そう振り返ったとき、中央図書館建設のこの顛末を見る限りにおいては、何かひとつ釈然としない・むなしい思いがよぎることもまた事実なのであった。」（『鶴ヶ島・本の森友の会　二〇年の年輪』本の森友の会　二〇一一年七月三〇日、三四頁）

と、開館の喜びとあわせてその運動の厳しさを回顧している。

開館に向けての「市民懇談会」が発足した時点で「考える会」は〝役割を十分に果たした〟

として休会中だったが、その中においても役員会では「今後の会の進む道について」の議論がされていた。そのさまざまな意見の中で、「これからの中央図書館は、市民のための図書館であって欲しい。それを実現するために、会の役割はまだ終わってはいない」との多数の意見が出され、その結果、「市民懇談会委員」を中心として、会は再編成・再出発することに決まった。

そして、それは「鶴ヶ島・本の森を育てる会」となった。

会は、目的として「鶴ヶ島市立図書館を、いつでも・どこでも・だれでもが利用でき、市民の知る権利と学習権を保障できる図書館に育てて、鶴ヶ島を文化的に豊かにするための活動を行うことを目的とする」とし、活動計画として、

①図書館の各種行事に参加（図書館まつり・本のリサイクル市に参加）
②図書館見学会・学習会・歴史散歩を開催
③図書館関連の諸問題を市に要望
④図書館長及び図書館員との語る会の開催
⑤全国的な友の会との交流

などを掲げ活動をおこなっていった。

また、九七年一〇月に、鶴ヶ島をはじめとした図書館づくり運動をまとめた『図書館づくり運動実践記――三つの報告と新・図書館

づくり運動論』を緑風出版から上梓した。これには、仙台の扇元久栄、鶴ヶ島の栗原進、伊万里の盛康子、図書館写真家の漆原宏の各氏がそれぞれの運動や実践について書かれた、まさに実践記だった。

さらに、会では図書館ツアーとして、この『実践記』にのった、仙台、伊万里をはじめ、北海道・置戸、帯広、東北・山形、北陸・富山、金沢、白山、滋賀県内、四国・徳島、高知、香川、沖縄・石垣、宮古などを一〇年かけて見学して歩いた。上記、『実践記』の影響もあって各地で歓待された。

会は、その後、〝図書館利用者団体、個人が図書館問題に関して懇談できる場づくり〟として「鶴ヶ島・図書館利用者の会」が生まれた。さらに、二〇〇三年一一月には、「育てよう会」と「利用者の会」が合併して「鶴ヶ島・本の森友の会」が発足して現在に至っている。

鶴ヶ島の図書館は住民の行政に対するねばり強い運動の中でそれぞれの時代の波にもまれながら守られ発展してきた。そして、現在でもそれは「本の森友の会」となって続けられている。図書館はこれら住民団体に依拠しさらなる発展を求めて行かなければならない。

注

1　松崎頼行「学習主体の形成と鶴ヶ島町の生涯教育」『月刊社会教育』第三八六号、一九八八年

一一月号、八一頁
2　『鶴ヶ島町長制施行二〇周年記念　読書感想文集』鶴ヶ島町図書館まつり実行委員会　一九八五年一〇月
3　鶴ヶ島の図書館を考える会　塚越恭子「『考える会』の昨日・今日・明日　パート三　―一九九二年」『図書館のまちをめざして　鶴ヶ島の図書館を考える会・六年の歩み』鶴ヶ島の図書館を考える会　一九九二年五月、四一頁
4　前掲
5　鶴ヶ島町中央図書館建設員会編『暮らしのなかに生きる図書館』（第一回報告）一九八九年五月
6　栗原進共著『図書館づくり運動実践記』緑風出版　一九九七年一〇月、一〇二頁
7　前掲　塚越恭子「『考える会』の昨日・今日・明日　パート三　―一九九二年」、六一頁
8　前掲、六〇頁
9　栗原進（鶴ヶ島の図書館を考える会代表）「はじめに」『図書館のまちをめざして』一九九二年五月、一頁
10　新堀敏男「鶴ヶ島の社会教育のあゆみ」『学び考え行動する市民たち―鶴ヶ島の社会教育実践―』鶴ヶ島社会教育研究会　一九九六年八月
11　鶴ヶ島の社会教育と不当配転者をみんなで守る会・鶴ヶ島市職員組合編集・発行『つるがしま公民館職員不当配転のたたかい　報告集』一九九三年一〇月

12　大澤正雄『図書館の管理と運営―その仕事と技術―　講演録』（三多摩図書館ブックレット一号）三多摩図書館研究所、一九九六年七月、四〇～四三頁

あとがき

思えば、一九六二年練馬区の図書館を皮切りに一九九九年まで三七年間、戦後の公共図書館黄金時代をまさに突っ走ってきたといえます。この間、練馬をはじめとして、各地で住民や利用者に支えられ、あるいは同僚や上司にも恵まれたことが一番大きかったことと思います。その中で学び、怒り、そして共に笑いながら図書館活動に邁進できました。

本書執筆にあたり、資料を提供してくださった関係図書館の方々、文中いろいろなご指摘、感想を寄せられたみなさま、励ましをくださった全国の図問研の仲間、地域の住民運動や文庫の人たちに深く感謝いたします。

本書は、図書館問題研究会機関誌『みんなの図書館』に二〇一二年一月号から二〇一四年一二月号まで連載したものの内一部を除いてまとめたものです。

本書の出版を快諾して下さった日外アソシエーツの大高利夫社長、編集にあたられた我妻滋夫さんには大変お世話になりました。

ここにあらためて厚くお礼申し上げます。

本書が、図書館を支えてくださっておられる住民運動のみなさん、図書館や図書館関連で働く労働者、そして、図書館学をめざす学生、図書館学を教えている教員など、これからの日本の図書館を発展させるために努力している全てのみなさんにお役に立てれば幸いです。

二〇一五年六月一日

大澤　正雄

【な】

【に】

【ね】

【つ】

【て】

【と】

【さ】

【し】

索引

著者紹介

大澤 正雄（おおさわ・まさお）

1935年東京生まれ。1959年東京都練馬区採用。1962年より練馬区立練馬図書館をはじめ、石神井、大泉図書館、児童館等に勤務の後、1986年朝霞市立図書館館長。1995年から99年まで鶴ヶ島市立図書館館長。以降、戸板女子短期大学教授。日本図書館協会理事・常務理事、文化庁文化審議会著作権分科会委員等歴任。

現在、日本図書館協会、図書館問題研究会、日本図書館研究会、日本図書館文化史研究会会員。三多摩図書館研究所所長。

著書に『公立図書館の経営』（日本図書館協会 2005）等あり。ほか論文多数。

<図書館サポートフォーラムシリーズ>

図書館づくり繁盛記
—住民の叡智と力に支えられた図書館たち！

2015年6月25日　第1刷発行

著　者／大澤正雄
発行者／大高利夫
発行所／日外アソシエーツ株式会社
〒143-8550 東京都大田区大森北 1-23-8 第3下川ビル
電話 (03)3763-5241(代表) FAX(03)3764-0845
URL http://www.nichigai.co.jp/
発売元／株式会社紀伊國屋書店
〒163-8636 東京都新宿区新宿 3-17-7
電話 (03)3354-0131(代表)
ホールセール部(営業) 電話 (03)6910-0519

組版処理／日外アソシエーツ株式会社
印刷・製本／株式会社平河工業社

《中性紙三菱クリームエレガ使用》

ISBN978-4-8169-2546-7　　*Printed in Japan,2015*

図書館サポートフォーラムシリーズの刊行にあたって

図書館サポートフォーラムは、図書館に関わる仕事に従事し、今は「卒業」された人達が、現役の図書館人、あるいは、図書館そのものを応援する目的で、1996年に設立されました。このフォーラムを支える精神は、本年で16回を数えた「図書館サポートフォーラム賞」のコンセプトによく現れていると思います。それは、「社会に積極的に働きかける」「国際的視野に立つ」「ユニークさを持つ」の三点です。これらについては、このフォーラムの生みの親であった末吉哲郎初代代表幹事が、いつも口にしておられたことでもあります。現在も、その精神で、日々活動を続けています。

そうしたスピリットのもとに、今回「図書館サポートフォーラムシリーズ」を刊行することになりました。刊行元は、事務局として図書館サポートフォーラムを支え続けてきている日外アソシエーツです。このシリーズのキーワードは、「図書館と社会」です。図書館というものが持っている社会的価値、さらにそれを可能にするさまざまな仕組み、こういったことに目を注ぎながら刊行を続けて行きます。

図書館という地味な存在、しかしこれからの情報社会にあって不可欠の社会的基盤を、真に社会のためのものにするために、このシリーズがお役にたてればありがたいと思います。

2014年10月

シリーズ監修

山﨑　久道（図書館サポートフォーラム代表幹事）

末吉　哲郎（図書館サポートフォーラム幹事）

水谷　長志（図書館サポートフォーラム幹事）